민주주의 개론

도서출판 **리버티**에서 낸 역서

≪경제 모형과 방법론≫

≪공공선택론 입문≫

≪미국의 외교 문제: 간결한 역사≫

≪루트비히 폰 미제스 입문≫

≪시장은 어떻게 작동하는가: 불균형, 기업가 정신 그리고 발견≫

≪자유주의와 연고주의: 대항하는 두 정치 경제 체제≫

≪오스트리아학파 경제학 입문≫

≪대도시 지역의 공공경제: 공공선택 접근법≫

≪자유 사회의 기초≫

≪초보자를 위한 자유의 길잡이≫

≪고전적 자유주의 입문≫

≪축약된 국부론≫

≪자유 101≫

≪공공 정책과 삶의 질: 시장 유인 대 정부 계획≫

≪번영의 생산: 시장 과정의 작동의 탐구≫

≪애덤 스미스 입문≫

≪공공선택론 고급 개론≫

≪아인 랜드 개론≫

≪시장의 재도입: 시장 자유주의의 정치적 부활≫

≪자본주의 개론≫

≪정치적 자본주의: 경제 및 정치 권력이 어떻게 형성되고 유지되는가≫

≪학파: 101인의 위대한 자유주의 사상가≫

≪본질적인 오스트리아학파 경제학≫

≪기업가 정신 개론≫

≪본질적인 애덤 스미스≫

민주주의 개론

에이먼 버틀러 지음 · **황수연** 옮김

An Introduction to

Democracy

by Eamonn Butler

iea
Institute of
Economic Affairs

도서출판 리버티

민주주의 개론

지은이 **에이먼 버틀러**
옮긴이 **황수연**
펴낸이 **구자춘**

초판 1쇄 펴낸날 2021년 9월 30일

도서출판 리버티
48075 부산 해운대구 양운로 182, 103-404
전화 (051) 701-0122 / 팩스 (051) 918-0177
출판등록 2013년 1월 10일 제333-2013-000001호
전자우편 jachoon2@hanmail.net

Liberty Publishing House
182 Yangwoon-ro, 103-404, Haeundae-gu, Busan 48075, Republic of Korea
Phone 82 51 701 0122
email jachoon2@hanmail.net

ISBN 978-89-98766-25-2 (03300)

차례

지은이에 관해

에이먼 버틀러(Eamonn Butler)는 세계의 지도적인 정책 싱크 탱크 중 하나인 애덤 스미스 연구소(Adam Smith Institute)의 소장이다. 그는 경제학과 심리학 학위들, 철학 박사 학위, 그리고 명예 문학 박사 학위를 보유하고 있다. 1970년대에 그는 워싱턴에서 미 하원에 근무했고, 미시간주 힐스데일 대학에서 철학을 가르쳤으며, 그 후 애덤 스미스 연구소를 창설하는 것을 돕기 위해 영국으로 돌아왔다. 밸리 포지의 자유 재단(Freedoms Foundation of Valley Forge)이 수여한 자유 메달(Freedom Medal)과 영국의 전국 자유 기업상(UK National Free Enterprise Award)의 과거 수상자인 버틀러는 현재 몽 펠르랭 소사이어티(Mont Pelerin Society)의 간사이다.

에이먼은 선구적인 경제학자이자 사상가인 애덤 스미스, 밀턴 프리드먼, F. A. 하이에크, 루트비히 폰 미제스 그리고 아인 랜드에 대한 개론서들을 포함한 많은 책의 저자이다. 그는 또한 고전적 자유주의, 공공선택론, 마그나 카르타 그리고 오스트리아학파 경제학에 관한 입문서들도 출판하였고, 게다가 ≪축약된 국부론(The Condensed Wealth of Nations)≫, ≪시중에서 최고의 책(The Best Book on the Market)≫, ≪학파: 101인의 위대한 자유주의 사상가(School of Thought: 101 Great Liberal Thinkers)≫ 그리고 ≪기업가 정신 개론(An Introduction to Entrepreneurship)≫도 출판하였다. 그의 ≪자유 사회의 기초(Foundations of a Free Society)≫는 2014년 피셔 상(Fisher Prize)을 받았다. 그는 ≪40세기의 임금 및 가격 통제들(Forty Centuries of Wage and Price Controls)≫과 IQ에 관한 시리즈 책들의 공저자이다. 그는 인쇄, 방송 그리고 온라인 매체에 대한 빈번한 기고자이다.

1 민주주의의 이해

이 책이 다루는 내용

이 책은 민주주의에 대한, 즉 그것이 무엇이고 그것이 어떻게 작동하는지, 그것의 강점들과 약점들, 그것의 편익들과 그것의 한계들에 대한, 간단한 개론서이다. 이 책의 주요 목적은 *누구든지*, 설사 그들이 민주주의를 전혀 경험하지 않았다고 할지라도, 민주주의를 이해할 수 있게 하는 것이다. 그러나 자기들이 민주주의를 이해한다고 *생각하는* 많은 사람도 역시 이익을 얻을 것인데, 왜냐하면 그들조차도 종종 그것의 가장 중대한 특징들을 간과하기 때문이다.

민주주의를 이해하는 것은 중요하다. 결국, 100개를 넘는 나라에서 세계 인구의 3분의 2가, 민주적이라고 주장하는, 정부들 치하에 산다. 그리고 그런 정부 중에서 실제로 민주주의의 이상들에 따라 행동하거나 그것의 주요 원칙들과 제도들을 존중하는 정부가 극히 소수이기 때문에, 민주주의의 *명료한* 이해가 더욱더 중요하다. 특히, 우리는 사람들이 민주주의를 올바르게 이해하지 못할 때 민주주의가 얼마나 쉽게 상실되거나 남용될 수 있는지 알고 있어야 한다.

이 목적들을 달성하기 위해, 이 책은 민주주의를 정의하고, 그것의 목적들을 설명하며, 진정한 민주주의와 현재 존재하는 많은 가짜 변형 사이의 차이점을 보여준다. 그것은 민주주의의 역사, 그 개념의 본질의 변화 그리고 그것을 달성할 서로 다른 방식을 개설(槪說)한다. 그것은 민주주의의 편익들과 또한, 우리더러 그것의 한계를 보지 못하게 하는, 그것에 관한 많은 미신도 요약한다. 마지막으로, 이 책은 사람들이 왜 오늘날의 민주 정치에 그렇게 환멸을 느끼게 되었는지—그리고, 오히려, 그것에 관해 무엇을 할 수 있는지—를 질문한다.

'민주주의'의 문제

민주주의를 이해하려고 하는 누구에게나 가장 큰 문제는 그 단어가 자기의 의미를 바꾸었다는 점이다. 우리가 오늘날 '민주주의(democracy)'라고 부르는 것은 (그 개념을 창안한 공로자로 생각되는) 고대 그리스인들이 염두에 두었던 것이 아니다. 그들에게 '민주주의'는 시민들이 공개 집회들에서 모여 법률들을 만들고, (개전할지와 같은) 주요 정책들을 결정하며, 관리들을 임명하는 정부 체제를 의미했다. 그러나 우리에게는 '민주주의'는 대중이, 몇 년마다, (대통령, 하원 의원 혹은 상원 의원 같은) 대표자들을 선출하고, 그다음 이들이 법률들, 정책들 그리고 공직들을 결정하는 정부 체제를 의미한다.

그러나 심지어 이 현대 용법조차도 많은 서로 다른 의미를 망라할 수 있다. '민주주의'라는 단어는 선거들이 자유롭고 공정하며, 비밀 투표들과 선택할 한 범위의 후보가 있는, 그리고 대표자들과 관리들의 권력에 한계가 있고, 그들이 합법적으로 그리고 그런 한계 안에서 행동하도록 확실히 하는 독립적인 사법 제도가 있는, 체제들을 서술할지 모른다. 반면에, '민주주의'는 종종 그런 특징들의 몇몇이 이상에 미달하거나 심지어 없기조차 한 체제들을 서술하는 데도 사용된다. 자신들을 '민주적(democratic)'이라 부르는 많은 나라에서, 투표들이 진정으로 비밀 투표들이 아니고, 선거 관리들이 부정직하게 행동하며, 투표자들과 후보들이 협박당하고, 매체가 공개 토론을 통제하며, 대표자들이 부패한다.

몇몇 경우, 국가들은 (선거, 의회 그리고 법원 같은) 민주주의의 장식을 보이지만 오직 한 정당만 후보들을 경기에 참여시키는 것이 허용된다. 정책 결정자들과 법관들은 통치자의 권위에 전혀 이의를 제기하지 않고, 관리들은 국민의 생활과 행동에 대해 거의 무한한 권력을 가지고 있다. 한 예는 북한인데, 거기서는 선거들에서의 투표율이 거의 100퍼센트이고 조국 통일 민주 전선(Democratic Front for the Reunification of the Fatherland) 후보들에게 하는 투표는 (큰 경종을 울리는) 거의 만장일치이다.

민주주의를 제한하기

민주주의에 관한 흔한 오해는 그것이 다수파에 자기가 원하는 것을 할 권리를 준다는 것이다. 그러나 조금 생각해 보면 이것이 명백하게 잘못됐다는 점을 알 수 있다. 단순한 선거 성공이 어떻게 다수당에, 예를 들어, 소수파의 집, 사업체 그리고 부를 몰수할 권리를 줄 수 있는가? 혹은 그들을 투옥하거나 추방할 권리를, 그들을 고문할 권리나 심지어 그들을 학살하기조차 할 권리를? 인간들은—사람들의 생명, 자유 그리고 재산의 신성함과 같이—과반수 규칙보다 더 높은 가치들을 가지고 있다. 다수파가 그런 가치들을 침해하기로 결정한다는 사실로 그들의 행동이 도덕적으로나 정치적으로 옳게 되지 않는다.

약 2,400년 전에, 플라톤과 그의 제자 아리스토텔레스 같은 고대 그리스 사상가들은 이 점을 이해했다. 참으로, 그들은 민주주의를 매우 위험한 정부 형태로 여겼는데, 그저 자기들이 부유한 귀족이기 때문만은 아니었다. 민주주의는 너무 쉽게 폭도에 의한 지배로 될 수 있을 것이고, 그 치하에서는 어떤 사람의 생명이나 재산도 안전하지 않을 것이다. '정의가 최상이 아닌 곳에서,' 아리스토텔레스(기원전 350)는 자기의 ≪정치학(Politics)≫에서 썼다, '백성은 군주가 되'고 '독점적인 권력을 목표로 삼으며 주인처럼 된다.'

2천 년 후에, 신생 미합중국의 헌법을 작성한 55명의 지주, 노예 소유자 그리고 기타 저명한 사람도 비슷한 우려를 했다. 그들은, 모든 것이 국민에 의해 결정될 그리스식 *민주 국가*가 아니라, 국민이 자기들을 대신하여 결정할 대표자들을 선출할 민주 *공화국*을 창설했다. 그들은 특히 개인들과 소수파들을 보호하기 위해—비록 부끄럽게도 그들이 이런 보호를, 노예나 북미 원주민인, 인구의 4분의 1에 확대하지 않았을지라도—재직자들의 권력을 제한할 의사 결정 과정을 면밀하게 설계했다.

민주주의 제도들이 우리의 생활을 명령하기보다 우리의 가치들에 이바지할 필요는 (현대 의미에서) 가장 진정한 형태의 민주주의가, 그리고 민주주의 개념의 진정한 정신을 포착하는 것이, 소위 *자유 민주주의*(liberal democracy)인 이유이다. 그것을 옹호하는 사람들은 민주주의의 핵심 목적이 사람들을 제한하거나 통제하는 것이 아니라 그들을 자유롭게 하는 것이라고 믿는다. (유럽적 의미에서) 이 *자유주의자들*(liberals)에게는, 정부는 무엇이든 다수파가 '옳다(right)'고 결정하는 것을 하도록 개인들에게 강제하기 위해 창설되는 것이 아니라, 모든 사람을 가능한 한 자유롭게 유지하기 위해 그리고—다른 사람들에 의해서건 국가에 의해서건—폭력과 강제의 사용을 최소화하기 위해 창설된다(Butler 2015a).

그러나 그 평화와 자유는 다수파 지배가 제한되어야 할 것을 요구한다. 진정하게 자유로운 민주 국가에서는, —말하자면, 1,000 대 1의—심지어 압도적인 다수파조차도 자기들이 좋아하는 대로 할 수 없다고, 즉 다수파는 항상 모든 개인의 기본적인 권리들과 자유들을 존중하고 유지해야 한다고, 자유주의자들은 말한다. 그런 권리들과 자유들은 다수파 견해에 우선하는데, 왜냐하면 정부가 존재하는 이유가 그것들을 보호하는 것이기 때문이다.

자유주의자들은 정확하게 개인들의 권리들이 실제로 무엇이며 그것들이 어디에서 유래하는지에 의견이 덜 일치한다. 그런데도, 개인 권리들은 다른 곳에서보다 비교적 자유로운 민주 국가들에서 더 광범위하고 더 잘 보호되는 것 같다. 그것은 서로 다른 정치 체제 사이에 경쟁이 있어서 자기들 국민의 개인성을 존중하는 더 자유로운 관할로 사람들이 이주하게 꾀기 때문일지 모른다고, 미국 정치경제학자 제이미 렘키(Jayme Lemke) (2016)는 주장한다.

민주주의의 매력

민주주의를 지지하는 사람들은 법률들이 (왕이나 독재자 같은) 어떤 엘리트 개인이나 (지배 가족이나 귀족 계층 같은) 집단의 변덕에 근거하여 만들어져서는 안 된다고 주장한다. 대신, *일반 대중*(general public)이 자기들이 무슨 법률들 치하에 살지 결정해야—혹은, 적어도, 누가 법률들을 만드는지를 선택해야—한다. 이런 선택들은, 모든 사람의 표가 똑같이 중요한, 정치적 평등에 근거하여 이루어져야 한다고, 그들은 강력히 주장한다. 이상적으로, 가능한 한 많은 국민이 투표하도록 허용되어야 한다. 사람들은 자유롭게 생각하고 중요한 쟁점들에 관해 거리낌 없이 이야기할 수 있어야 한다. 이상적으로, 선거인들은 자기들 자신의 통치에 관해 잘 알고 있고, 유능하며, 합리적이어야 한다. 그리고 대중의 결정들을 정책으로 공정하게 바꾸는 안정적이고, 신뢰를 받으며, 정직한 제도들이 있어야 한다.

이 민주주의 이상들은 매우 매력적인 것 같다. 결국, 그 밖에 어떤 사람이 자기 대신 사건들을 결정하게 하는 것보다, 자기가 통치되는 방식에 대한 발언권을 누가 좋아하지 *않을까*? 누가 독재자들의 폭력을 면하고 싶지 *않을까*? 자기의 견해가 중요성을 지니는 것을, 그리고 공정하게 여겨지는 것을, 누가 생각하고 싶지 *않을까*?

참으로, 이 민주주의 이상들이 아주 널리 매력적이어서, 불행하게도, 거의 모든 정부가 그것들을 소중히 여긴다고 주장하는데, 그들이 그렇게 하건 않건 그렇다. '민주적'이라고 불리는 것은 존경과 승인의 표시이다. 20세기 영국 소설가이자 비평가인 조지 오웰(Geroge Orwell) (1946)이 언급했듯이, '우리가 한 나라를 민주적이라고 부를 때 우리가 그것을[그 나라를] 칭찬하고 있다고 거의 보편적으로 생각된다. 결과적으로, 모든 종류의 정체의 옹호자들은 그것이 민주 국가라고 주장한다.'

그 결과는 그러면 '민주주의'라는 단어가 자기의 의미를 잃는다는 점이다. 다수당들은 '민주적' 선거들에서의 승리를 다른 사람들을 박해하고, 자기들 자신을 위하여 공금을 유용하며, 자기들의 연고자들에게 정부 일자리들과 계약들을 나누어 줄 완전한 권한을 자기들에게 주는 것으로 여긴다. 독재자들은 자기들의 정적들을 투옥하고, 자기들을 위해 투표의 100퍼센트를 모으는 가짜 선거들을 행하며, 그다음 '민주적으로 선출되었다,'고 주장한다. 많은 곳에서는, 단지 정부 지도자들과 그들의 정책들을 비판하는 것만으로도 당신은 반역죄로 체포될 수 있다. 이것들과 같은 남용들은 민주주의의 바로 그 개념에 거슬린다.

이해의 더 많은 문제

그 단어의 의미에 관한 그러한 의도적이고 냉소적인 왜곡들뿐만 아니라, 민주주의가 정말 무엇인지 그리고 그것이 어떻게 작동하는지에 관한 진정하고 광범위한 오해도 또한 있다. 예를 들면, 아시아의 많은 사람은 민주주의를 갈등, 우유부단 그리고 단기주의(short-termism)를 낳는 것으로 거부한다. 그들은 그것의 강점, 인기 그리고 탄력성을 간과한다. 대조적으로, 많은 서양 사람은 민주주의가 번영, 자유, 평등 그리고 평화에 대한 유일한 열쇠라고 믿는다. 그들의 민주주의 견해는 매우 낙관적이어서 그들은 그것의 문제들과 한계들을 보지 못한다.

참으로, 민주주의의 과찬은 아마도 그것에 대한 가장 큰 위협일 것이다. 그것의 열광자들은 종종 민주주의를 최상의 정부 체제라고 주장하는데, 왜냐하면 그것이 다수파의 승인에 의지하기 때문이다. 그러나 만약 과반수 투표가 정말로 결정을 하는 최상의 방식이라면, 우리는 왜 그것을 모든 결정에 사용하지 않을까? 그 주장은 많은 사람에게 우리가 그렇게 해야 한다고 설득한다. 그러나 슬픈 결과는 한때 개인들에게 맡겨졌던 일상의 결정들—그들이 사는 방법, 그들이 먹거나 마시는 것, 심지어 그들이 공공연히 말할지 모르는 것조차도—이 다수파 의견이 허용할 것의 지배를 더욱더 받게 되고 있다는 점이다.

자유주의자들에 따르면, 이것은 민주주의에 그것이 하려고 의도하지 않았던 과업을 부담시킨다. 민주주의는 사람들이 개인적으로 할 수 없는 소수의 집합적 결정—상호 방위와 같은 것—을 하는 것을 넘어서 하려고 전혀 의도되지 않았다고, 그들은 말한다. 그것은 개인들의 권리들을 보호하려고 개발되었지, 다수파의 변덕에 따라 그것들을 단축하려고 개발되지 않았다. 그것은 국민의 자유들을 확대할 작정이었지, 그것들을 축소할 작정이 아니었다. 그것은 국민에 대한 강제를 최소화하도록 창안되었지, 그것을 정당화하도록 창안되지 않았다.

명확하게 할 필요

민주주의의 편익들을 찬미할 때, 그것의 한계들을 시야에서 놓치기 쉽다. 과반수 의사 결정은 모든 문제에 대한 해답이 아니다. 그것은 단지 집합적으로만 이루어질 수 있는 (비교적 몇 되지 않는) 결정을 하는 그럴듯한 방법일 뿐이다. 자유주의자들은 민주주의가 개인들이 스스로 아주 잘할 수 있는 (아주 많은) 결정을 뒤엎거나 대신하는 수단이 아니라고, 그것이 오직 그 자유가 존중되는 곳에서만 작동한다고, 주장한다.

민주주의의 이상과 그것이 작동하는 정치 과정의 결함 있는 현실

사이에는 또한 막대한 간격도 있다. 과반수 의사 결정이 과도하게 확대될 때, —집합적 의사 결정의 불가피한 부분인—정치가, 크고 작은, 모든 삶 측면에 몰래 들어가서, 민주주의의 바로 그 개념을 오염시킨다. 그러면 위험은 사람들이 '민주주의'에 적대적으로 되고, 그것을 오로지 정치적 이해관계자의 권력에 관해서만 생각—하며, 우리를 바로 그것[정치적 이해관계자의 권력]으로부터 보호할지 모르는 바로 그 체제를 우리가 포기—한다는 점이다.

이것은 민주주의가 무엇인지—그리고 무엇이 아닌지—에 관하여 분명히 알고 있는 것이 그렇게 중요한 이유이다. 우리는 '민주적'이라고 주장하는 많은 정치 체제 중 어느 것이 실제로 민주주의의 이상들과 원칙들에 따라 행동하는지 식별할 수 있을 필요가 있다. 민주주의의 핵심 목적을 이해하고 그것의 한계를 인식할 필요가 있다. 어느 문제들이 민주주의가 결정하는 데 적합하고 어느 문제들이 그것이 적합하지 않은지 알 필요가 있다. 무엇이 훌륭한 민주 정부를 촉진하고 무엇이 그것을 부패시키는지 발견할 필요가 있다. 심지어 압도적인 다수의 여론으로부터도, 우리가 지켜야 할 더 높은 가치들이 있다는 점을 받아들일 필요가 있다. 민주주의가 그것의 한계 내에 유지되어야 한다는 점을 깨달을 필요가 있다. 유지될 필요가 있고 재생하기 어려운 도덕적, 문화적 그리고 제도적 기초들에 민주주의가 의지한다는 점을 인식할 필요가 있다. 그리고 민주주의가 이해하고, 운영하고, 보존하는 데 상당한 노력이 필요하다는 점을 여전히 깨닫고 있을 필요가 있다.

2 민주주의의 역사

'democracy(민주주의)'라는 단어는 16세기 프랑스로부터 영어로 들어왔지만, 그것의 기원들은 훨씬 더 오래다. 약 4,000-5,000년 전, 미케네 시대 그리스인들은 인구 집단들을 *다모스*(damos)라고 불렀는데, 하기야 그 용어는, 지금은 남부 이라크인 곳에서 더욱더 오래된 수메르 문명의 비슷한 개념, *두무*(dumu)에서 유래했을지 모른다. 고전 그리스어에서 이것[damos]은 *데모스*(demos)로 되었는데, 이것은 '국민(people)' 혹은 더 가난한 주민들의 '대중(mass)'을 의미하였을 것이다. '권력(power)' 혹은 '통제(control)'를 의미하는 *크라토스*(kratos)와 함께, 그것은 그 현대어[민주주의]의 근원이 된다.

그리스 민주주의

약 5,000년 전 메소포타미아—티그리스강과 유프라테스강 사이 '기름진 초승달 지대(fertile crescent)'—에 정착한 수메르인들은 세계 최초의 알려진 문명을 창설한 공로자로 생각된다. 어떤 학자들은 그들이 심지어 초기 형태의 민주주의를 가졌을지 모른다고, 그리고 그들의 도시 국가들의 왕들이, 우루크의 길가메시처럼(Gilgamesh of Uruk), 절대 권력을 소유하지 않았고 원로회들 안에서 직분을 다했다고 주장한다. 그러나 증거는 매우 박약하다.

더욱 멀리 동쪽에, 어떤 변형의 민주주의가 약 2,600년 전에 인도아(亞)대륙의 독립 '공화국들(republics)' 사이에서 생겼을지 모른다. 다시 한번, 그들의 군주들, 라자들(Rajas)은 심의회들(deliberative assemblies) 안에서 통치했는데, 이것들은 모든 자유인에게 개방되었고, 광범위한 정치 권한이 있었으며, 정기적으로 열렸다. 그러나 상세한 기술(記述)은 거의 존재하지 않고, 학자들은 그러한 장치들이 진정으로 대중 권력의 실례들이었는지에 관해 의견이 비슷하게 분열되어 있다.

그러나 민주주의가 약 2,500년 전에 그리스(특히 아테네)에서 절정에 달했다는 많은 증거가 있다. 사실상, 고대 그리스에 약 1,000개의 작은 민주 국가가 있었다. 각각은 독립 도시 국가('정치학(politics)' 이라는 단어가 유래한 *폴리스*(polis))였다. 그러나 그러한 작은 공동체들에서, 권력은 쉽게 엘리트 소수의 수중에 축적될 수 있다. 민주주의의 개념은 이것을 막고 정책이 더 넓은 집단에 의해 결정되게 하는 것이었다. 그것[더 넓은 집단]은 여전히 주민의 단지 소수파일 뿐이었는데, 왜냐하면 심지어 '민주적' 아테네에서조차도, 노예들, 아이들, 여자들 그리고 외국인들이 모두 배제되었기 때문이다. 심지어 그렇다 하더라도, 약 6,000-10,000명의 아테네 사람들은, 공개 집회들에 모여, 법률들, 전쟁들 그리고 관리들의 임명과 같은 문제들을 토론하고 결정하곤 했다.

집합적 주권, 정치적 평등, 자유와 관용, 그리고 법에 대한, 다른 사람들에 대한 그리고 자기 자신의 의무들에 대한 존중이라는 민주주의 이상은 아테네 경세가이자 장군인 페리클레스(Pericles) (기원전 431년경)에 의해 유명하게 표현되었다. 그러나 대중 집회들의 권력과 변덕스러움은 플라톤과 아리스토텔레스 같은 고대 사상가들에게 경보를 발했다. 그들은 태반의 더 가난한 시민들이 너무나 잘 모르고 있고 근시안적이어서 자기들 자신의 최상의 이익들을 알 수 없고 선동가들에 쉽게 좌우될 수 있을 것으로 믿었다. 그들은 대중 민주주의가 새로운 형태의 전제 정치—폭도의 지배—로 바뀔지 모른다고 걱정했다. 그리고 그들은 폭도가 (자신들 같이) 더 잘 사는 사람들에게서 그저 빼앗기만 할 것이라고, 과반수 투표가 그러한 강도 행위를 정의롭고 정당하게 한다고 주장하면서 그렇게 할 것이라고 두려워했다.

플라톤의 해결책은 통치를 현명한 '철인 왕들(philosopher kings)'에게 맡기는 것이었지만, 아리스토텔레스는 그러한 본보기들이 존재하지 않는다는 점을 깨달았다. 그는 (고대 그리스에서는 효과적으로 가난한 사람들에 의한 지배였던) 민주주의가 시민들을 *과두제*(oligarchy)(효과적으로 부자들에 의한 지배)에서 구할지 모르지만, 그다음 민주주의가—그 수가 너무 적은—중간의 부의 시민들에 의해 억제될 필요가 있다고 생각했다.

로마 공화국

고대 로마의 사상가들도 민주주의에 관해 비슷한 불안감을 품고 있었다. 그러나 적어도 그들의 변형은 제도적 틀에 의해 제한되었다. 비록 후에 그것이 황제들(Caesars)의 독재로 대체될 것이지만, 로마는 (라틴어 *레스 푸블리카*(res publica), 즉 '국민의 것(thing of the people)'에서 유래한) *공화국*(republic)이었다.

공화국은 일단의 규칙들에 따라 작동하는 정부 체제인데, 이 규칙들은 그것이 작동하는 방법과 그것이 결정할 수 있는 것에 대한 한계들을 규정한다. —때때로 명시적으로 *헌법*(constitution)에 작성되는—이 규칙들은 권력자들의 권력을 억제하고 소수파들과 개인들을 자의적인 결정들로부터 보호하기 위해 거기에 있다. 공화국은 (일반 대중이 자기들을 대표할 입법자들을 임명하게 되어) '민주적(democratic)'일 수도 있고 아니면 그것은 (스스로 선택한 엘리트에 의해 운영되어) '과두적(oligarchic)'일 수도 있다. 그러나 양쪽 다는 받아들여지는 규칙들에 따라 여전히 제한된다.

로마 공화국은 약간 민주적인 특징과 약간 과두적인 특징이 있었다. 그것은 실제로 전혀 '국민의 것'이 아니었다. 그것의 두 *집정관*(consuls)은 군주에 가까운 권력을 가지고 있었고, 국민에 의해서가 아니라, 귀족들의 위원회에 의해서 선출되었다. 원로원(senate)도 역시 귀족 집단이었지, 대중에 의해 선출되지 않았다. 그러나 유권자들—남성 *시민들*(cives; citizens)—은 법률을 거부할 수 있는 *호민관*(tribunes)과 그것을 시행하는 (사법권을 가진) *행정 장관*(magistrates) 같은 몇몇 다른 중요한 관리를 선출할 (그리고, 결정적으로, 쫓아낼) 수 있었다.

대중의 관여는 비상사태 때에는 더욱더 제한되었는데, 그때는 원로원과 집정관들이 임시 독재자(dictators)—절대적이지만 일시적인 통치 권한이 주어지는 사람—를 임명할 수 있었다. 오래지 않아 임시 독재자는 종신 권력을 가진 황제로 바뀌었다. 그리고 첫 황제들이 구(舊) 공화국의 제도적 장식을 유지하고 싶어 했지만, 권력이 실제로 어디에 있는지에 관해 의문이 없었다.

중세 시대

약 930년에 수립되었고 아직도 존재하는, 아이슬란드의 *알싱*(Althing)은 [자기가] 세계에서 가장 오래된 의회라고 주장한다. 그것은 모든 자유인에게 개방되어 있었는데, 이들은 매년 싱벨리어(Thingvellir)에 있는 '법률 바위(Law Rock)' 앞에 모였다. 한 사람, 법률 의장(Lawspeaker)이 기존 법률들을 낭독했으며(이것은 [법률이] 다행히도 거의 없었다는 점을 암시한다) 일반적인 토론이 있었다. 그렇지만 단지 쉰 명의 명사(名士)만이 실제로 법률들을 결정했다.

1215년에, 영국의 전제적인 왕 존(John)은 자기 귀족들과 맞서게 되었는데, 이들은 그가 *마그나 카르타*(Magna Carta)—왕의 권한들을 제한하고 특히 새 법률들과 세금들에 대해 귀족들의 동의를 규정한 '대헌장(great charter)'—를 받아들이도록 요구했다. 그것은 영국의 의회가 수립될 기초가 되었다(Butler 2015b).

대략 같은 때 유럽의 다른 곳에서는, 무역 및 상업 도시들이 생기기 시작했었고, 각자는 자기들 자신의 규칙들을 만들었다. 이것은 신이 수여한 군주 권한이라고 생각되는 것에 도전을 제기했다. 하지만 결정들이 지방의 대중 합의로 이루어져야지 막강한 중앙 통치자에 의해 이루어져서는 안 된다는 생각이 생겼다.

1400년대 후기까지는, 이탈리아 도시 국가들은 꽤 *공화국*(republics)이라고 불릴 수 있었다. 더 정확하게는, 그것들은 입헌 과두제 국가(constitutional oligarchies)였다. 통치가 전 대중보다는 작은 집단들을 중심으로 이루어졌지만, 의사 결정들은 그런데도 받아들여진 규칙들의 지배를 받았다. 그리고 정치 과정에 관한 여론의 중요성이 잘 인식되었다. 치국책(治國策)에 관한 자기의 영향력 있는 저작에서, 외교

관이자 철학자인 니콜로 마키아벨리(Niccolò Machiavelli) (1513)는 통치하는 과두제 지배자들에게 만약 그들이 국민을 매혹한다면 그들의 국가들이 훨씬 더 강할 것이라고 조언했다.

근대 초기 시대

북유럽에서는, 특별히 네덜란드와 같은 자유 무역 경제들에서는, 정치 권력이 또한 덜 중앙 집권적으로 되기도 했다. 민주주의 사상의 융성은 하나님 앞의 평등을 강조하고 교육과 읽고 쓰는 능력을 촉진하는 1500년대와 1600년대의 종교 개혁으로 더 도움을 받았다. 훌륭한 프로테스탄트들은 성직자의 권위에 의지하기보다는 하나님의 말씀(Word of God)을 자기 힘으로 읽을 수 있을 필요가 있었다.

영국 제도(諸島)에서는, 전능의 (전제적) 군주들과 민주주의 사상 사이의 투쟁은 1640년대에 노골적인 내전으로 바뀌었는데, 그때 찰스 1세(Charles I) 왕은 의회의 동의 없이 세금을 올리려고 하였다. 1647년에, 모든 귀족 특권을 반대한 수평파(Levellers; 레벌러스)는 그것을 대체해야 할 것을 토의했다. 그들은 놀랄 정도로 근대적인 집합의 제도들, 즉 (비록 오직 남성만이지만) 보통 선거권, 빈번한 선거들과 공정한 선거구들, 법 앞의 평등 대우, 종교적 관용, 그리고 강제 징집 금지를 가진 민주 정부를 요구했다. 그러나 찰스를 퇴위시킨 후 권력에 도달하자마자, 의회 지도자 올리버 크롬웰(Oliver Cromwell)은 그가 대체한 군주 못지않게 전제적인 것으로 드러났다. 그는 수평파를 체포했고 12년의 군사 통치를 부과했다.

이 혼란은 정부 권력의 기원과 목적에 관해 많은 사고(思考)를 촉진했다. 17세기 영국 철학자 토머스 홉스(Thomas Hobbes) (1651)는 자기들이 상호 침략과 탐욕을 겪지 않아도 되게 하려고 개인들이 형성한 '사회 계약(social contract)'에서 정부가 생긴다고 암시했다. 그는 주권자가, 이 새로운 질서의 '두뇌(head)'로서, 통제해야 하는데, 신체의 두뇌가 통제하는 것과 똑같다고, 믿었다. 저항할 권리는 없었는데, 왜냐하면 권위에 대한 어떤 도전이든 사회를 전쟁 상황으로 되돌릴지 모르기 때문이었다. 그러나 뒤의 영국 철학자, 존 로크(John Locke) (1689)는 똑같은 '사회 계약' 개념을 사용하여 아주 다른 접근법을 생각해냈다. 그는 개인들이 특히 자기들의 개인 권리들을 보호하고 자기들의 자유들을 확대하기 위해 국가 장치를 수립한다고 마음속에 그렸다. 그러므로, 국가가 그들에 대해 가지는 유일한 권력은 개인들이 자신들을 보호하기 위해 자발적으로 그것에[국가에] 이전했었던 권력뿐이었다. 왕들은 국민에 봉사하기 위해 존재했다. 그들은 자기들이 적합하다고 생각하는 무엇이든 할 수 있는 것이 아니었다. 그리고 국민은 자기들의 신뢰를 배반하고 전제적으로 통치하는 군주를 타도할 권리가 있었다.

그때까지는, 또 한 명의 군주, 제임스 2세(James II)가 쫓겨났었다. 군주제는 오직 미래의 왕 윌리엄 3세(William III)가, 권리 장전(Bill of Rights) (1689)에 규정된, 의회와 국민의 권한을 존중하기로 동의했을 때라야 회복되었다. 군주의 권력이 이 헌법적 장치로 제한되어, 이 나라는 *입헌 군주국*(constitutional monarchy)이 되었다. 그것은 오늘날에도 여전히 그렇게 불린다—하기야 군주의 권한들이 지금 더욱더 제한되어 있고 주요 권한이 일반 대중에 의해 선출된 의회에 존재하므로, 현대 영국을 *입헌 민주 국가*(constitutional democracy)라고 부르는 것이 더 정확할 것이지만.

입헌 공화주의

존 로크의 사상은 미국이 될 것의 창설자들에게 대단히 영향력이 있었다. 그와 같이, 그들은—≪독립 선언서(Declaration of Independence)≫(1776)에서 기다랗게 조지 3세(George III) 왕의 '남용들과 횡령들'을 열거하면서—군주들의 자의적인 권력을 거부했다. 그들은 정치적 평등을 강조했지만, 민주주의가 쉽게 폭도 지배로 전락할 수 있으므로 민주주의가 위험할 것을 여전히 두려워했다. 그들은 그 문제를 토의했고, 공무에 대한 대중 참여가 좋은 정부의 단지 한 부분일 뿐이라고 결론지었다. 자기들이 필요한 것은 *공화정체*—규칙들과 원칙들에 따라서 면밀하게 구성된 정부로서, 거기서는 국민이 선출한 대표자들에 의해 결정이 이루어질 것이지만, 그 대표자들이 그 밖에 모든 사람과 똑같은 법률들에 따라 구속될 것이고, 그들의 권한들이 성문 헌법에서 제한되고 규정될 것—이었다.

> 민주주의는 자유가 아니다. 민주주의는 두 마리 늑대와 한 마리 양이 점심으로 무엇을 먹을지 투표하는 것이다. 자유는, 심지어 99% 투표에 의해서도, 빼앗아서는 안 되는 일정 권리들의 인정에서 생긴다.
>
> —마빈 심킨(Marvin Simkin) (1992),
> '개인 권리들(Individual Rights),' ≪로스앤젤레스 타임스≫

프랑스 철학자 몽테스키외(Montesquieu) (1748)는 사람들이 자기들 자신의 이익들을 일반 이익보다 우선하기 때문에 민주주의가 결코 잘 작동할 수 없을 것이라고 주장했었다. 특히, 권력을 받는 사람들은 그것을 남용할 것—로크, 미국인들, 그리고 그들을 따른 많은 사람에게 특별히 우려되는 사항—이다. 당국자들에 의한 권력 남용에 대한 유일한 해독제는 *견제와 균형*(checks and balances), 즉 모든 권력을 균형을 잡는 권력으로 견제하는 것이라고, 몽테스키외는 생각했다. 그리고 40년 후, 이런 생각들은 새 미합중국 헌법에 영향을 끼쳤는데, 그것의 권력 분립, 선거인단, 권한에 대한 한계, 그리고 *제한된*(limited) 대의 정부를 창설하는 것을 목표로 삼는 기타 장치들을 가지고서였다. (비록 이런 정치적 권리들과 보호들은 그 당시 거기에 살던 800,000명 가량의 노예와 토착민에게 확대되지 않았을지라도.)

사정은 다시 프랑스에서 달랐다. 거기서, 1789년 혁명의 뒤를 이은 공포 시대(Reign of Terror) (1793-94)는 미국의 창설자들에게 민주주의가 잠재적으로 혼란으로 빠져들어 갈 것을 자기들이 우려한 것이 옳았다는 점을 확실히 하였다. 자기들의 선거 과두제가 대중의 '일반의사(general will)'에 의해 지도될 수 있을 것이라는 프랑스 혁명가들의 신념은 잘못되었다. 폭력의 뒷받침을 받는 오직 불일치와 논쟁만 있었다. 공포 시대로 영국 정치 이론가 에드먼드 버크(Edmund Burke) (1790)는, 자기의 ≪프랑스 혁명에 관한 성찰(Reflections on the Revolution in France)≫에서, '민주 국가에서는, 국민의 다수파는 소수파에 가장 잔인한 압제를 행사할 수 있다,'고 한탄하게 되었다.

자유 민주주의

1835년에, 또 한 사람의 프랑스 사상가, 알렉시 드 토크빌(Alexis de

Tocqueville)은 ≪미국의 민주주의(Democracy in America)≫를 출판하였다. 미(美) 공화국의 성공으로 보이는 것은 오로지 그것의 지방 분권화, 그것의 권력 균형, 그것의 위임된 권한('연방주의(federalism)'), 그리고 기타 헌법적 특징들뿐만 아니라고, 그는 결론지었는데, 이것들이 결정적이라고 할지라도 그랬다. 미국의 도덕적 및 사회적 문화도 역시 필수적이라고, 그는 생각했다. 시민 사회—미국의 많은 교회, 자선 단체, 클럽, 자조(自助) 집단, 그리고 기타 지역 자치회—는 투표 대중을 교육하고 온건하게 하는 데 이바지했다. 공통 이익과 예의 바름은 군중 지배로 미끄러져 들어가는 것을 억제할 수 있지만, 그것들은 작동하기 위해서 문화 일부가 되어야 한다고, 그는 결론지었다.

위대한 19세기 영국 철학자 존 스튜어트 밀(John Stuart Mill)은 계속해서 근대 자유 민주주의의 원칙들을 상세히 설명했다(1861). 그리스인들과 같이, 그는 이해관계자들과 카리스마적 선동가들에 의해 이끌리는 무지하고 변덕스러운 다수파의 횡포를 두려워했다. 또한 직접 민주주의가 그의 세계에서 실행될 수도 없었는데, 거기서는 공동체들이 고대 아테네보다 훨씬 더 컸고 모든 국민을 모으는 것이 불가능하였다. 근대 동안 유일하게 작동할 수 있는 체제는 *대의*(representative) 정부일 것이라고, 그는 생각했다. 그러나 대표자들은, 단지 자기 투표자들의 편견을 반영하기 위해서만 임명된, 단순한 *대리인*(delegates)이 되어서는 안 된다. 오히려, 그들은 독립적으로 그리고 책임감 있게 생각하고 행동해야 하는데, 설사 그것이 여론을 거부하는 것을 의미한다고 하더라도 그렇다. 에드먼드 버크(Edmund Burke) (1774)가 더 일찍 자기의 '브리스틀의 선거인들에 대한 연설(Speech to the Electors of Bristol)'에서 표현했었듯이, '당신의 대표자는 당신에게,

자기의 근면뿐만 아니라, 자기의 판단도 빚지고 있다. 그리고 만약 그것[자기의 판단]을 당신의 의견에 희생한다면, 그는 당신에 봉사하는 것이 아니라 배반하는 것이다.'

그렇지만 어떤 정부 체제에서든, 개인들의 권리들과 자유들이 최우선 고려 사항이고 보호되어야 한다고, 밀은 강력하게 주장했다. 그는, 로크와 미국인들이 생각했었듯이, 권리들이 하여간 신이 수여한 것이거나 우리 본성의 일부라고 생각하지 않았다. 그는 그것들이 우리가 따르는 도덕 규칙들이고 그것들이 작동하기 때문에 우리가 따른다고 생각했다. 그리고 정부는 오직 그것이 그런 권리들을 존중하고 자기의 국민의 생명, 자유 그리고 재산을 보호하는 경우에만 작동하고 지속할 수 있다. ≪자유론(On Liberty)≫에서, 밀(1859)은 정부 개입들이 정말 얼마나 제한되어 있다고 자기가 생각하는지를 개설했다. 설사 국민의 행동들을 제한하는 것을 찬성하는 압도적 다수가 있다고 할지라도, '문명화된 공동체의 어떤 구성원에 대해서든, 그의 의지에 반해서, 권력이 정당하게 행사될 수 있는 유일한 목적은 다른 사람들에 대한 피해를 막는 것이다.'

민주주의의 확대 ...

설사 영국 자신의 의회가 전혀 민주적이지 않은 채로였다고 할지라도, 지금까지는 자유 민주주의의 원칙들은 합체하기 시작하고 있었다. 그러나 1800년대의 자유주의의 성장은—오직 더 큰 재산 소유자들만이 투표할 수 있었고, 약간의 지주들이 전 의회 선거구들을 통제했으며, 매수, 부패 그리고 협박이 만연했던—부패한 선거 제도를 종식하라는 요구를 낳았다. 1832년의 대개혁법(Great Reform Act)은 사정을 개선하는 데 도움이 되었는데, 하기야 그것의 주요 영향은 유권자를 넓혀서, 더 작은 지주들과 임차인들에게 이제 투표권이 주어지는 것이었을지라도 그렇다. 1867년의 또 하나의 개혁은, 얼마 되지 않는 소득을 가진 '존경할 만한(respectable)' 근로자들을 포함하도록, 선거권을 더욱더 넓혔다.

영국—과 참으로 대부분 다른 국가—에서는 여자들이 투표할 수 있기까지는 더욱 많은 해가 지날 것이다. 여성 참정권의 선구자들은 세계의 다른 쪽에, 뉴질랜드와 오스트레일리아에 (비록 몇몇 주에서는 토착 오스트레일리아인들이 여전히 1965년만큼 늦게까지 배제되었을지라도) 있었다. 핀란드와 노르웨이는 여자들이 제1차 세계 대전 전에 투표하게 했고, 오스트리아, 독일, 폴란드, 러시아, 네덜란드, 미국 그리고 스웨덴은 직후에 그렇게 했다. 영국은 투표권을 1918년에 여성 재산 소유자들에게 확대하였고, 그다음 1928년에 더욱 일반적으로 확대했다. 그러나 포르투갈과 스위스의 여자들은 1970년대까지 기다려야 했다. 그리고 여자들이 아직도 선거들로부터 배제되는 약간의 나라가 있다.

... 그것의 한계를 넘어서?

재산이 있는 남성들로부터 모든 국민으로의 참정권의 확대는 (지금 보편적으로 '민주주의'라 불리는 대의 정부의 정당성을 증가시켰고 이 방법이 더 넓은 범위의 쟁점들에 사용되어야 한다는 견해를 북돋웠다. 이 확대는 전반적인 번영의 급증과 일치하였는데, 후자는 더욱

더 추가적인 확대 옹호론을 도왔다(하기야 경제적 상승이 아마도 대중 투표보다는 더 자유 무역과 공개 시장들 같은 자유주의 사상의 채택의 증가 때문이었을 것이지만).

21세기에는 이런 더 정당화된 '민주주의'가 삶의 더욱더 많은 부분에 퍼져, 보건 의료, 교육, 연금 저축 그리고 자선적 기부 같은 영역들에서 개인의 선택들을 집합적 선택들로 대체하는 것을 경험하였다. 정부가 확대함에 따라, 이익 집단들이 자기들의 영향력을 특권, 교부금, 보조금, 세금 감면 그리고 기타 편익들을 얻는 데 사용할 더욱더 많은 기회가 있었다. 그 세기의 말까지는, 정치인들, 로비스트들, NGO 종사자들, 위원회들, 재판소들, 규제 기관들, 독립 정부 기관들, 정치 매체들, 싱크 탱크들 그리고 기타 사람들을 포함하는, 정치 엘리트가 발생하였었다—그들의 관심에서 벗어난 개인 생활 부분은 거의 없었다.

> 만약 모든 삶이 과반수 규칙으로 결정된다면 어떨지 상상해 보라. 모든 식사는 피자가 될 것이다. 모든 한 벌의 바지는 ... 낡은 느낌을 주기 위해 돌과 함께 특수 세탁한 데님(denim; 능직의 두꺼운 무명)일 것이다. 유명 인사 규정식 및 운동 책들이 도서관 서가에 있는 유일한 물건이 될 것이다.
>
> —P. J. 오루크(P. J. O'Rourke) (1991),
> ≪매춘부들의 의회(Parliament of Whores)≫

민주주의의 사망?

대의 정부의 외관상 정당성에도 불구하고, 몇몇 비판자는 그것의 현실을 비참한 실패의 하나로 본다. 그들에게는, 우리가 창설한 것은 민주주의가 아니라 선출된 대중 영합주의 과두제(elective populist oligarchy)인데, 이들의 자기 이익, 단기 초점 그리고 원칙의 결여는 정부가 견제받지 않고 확대될 수 있게 하고, —다수파 여론 아래에서 개인의 자유를 짓밟을 뿐만 아니라—관료제, 연고주의 그리고 분별없는 과도 지출을 발생시키기도 한다. 그들은 많은 보통 사람이 정치를 자기들과 무관하거나 자기들의 통제에서 벗어난 것으로 여기게 되었다고—정치 계급이 그들을 착취하기가 더욱 쉽게 하는 소외—한탄한다. (페리클레스가 아테네 사람들에게 말했듯이, 당신이 정치에 관심이 없다고 해서 정치가 당신에게 관심이 없는 것이 아니다.)

그런데도, 비교적 자유로운 민주 국가들에서 삶과 정치는 더 이른 시대 과두제 국가들보다 여전히 훨씬 더 자유롭고 더 개방적이다. 그렇지만 민주주의 이상은 확실히 타락될 수 있는데, 단지 내버려 둔 까닭으로만은 아니다. 심지어 오늘날 문명화했다고 생각되는 우리의 시대에서조차도, '민주적'이라고 주장하는 정부들은 여전히 흔히 투표 조작, 참정권 박탈, 검열, 몰수, 자의적인 체포, 법원들의 정치화 그리고 재판 없는 구금에 종사한다. 그것을 바꾸는 데서 첫 번째 우선순위는 민주주의가 정말로 무엇을 의미하는지 그리고 무슨 제도들과 원칙들이 그것을 떠받치는지를 분명히 아는 것이다.

3 민주주의 제도들

거의 모든 정부가 민주 국가라고 주장하고, 이것이 암시하는 정당성을 누리지만, 그 이상(理想)에 따라 행동하는 정부는 아주 거의 없다. '민주적'이라고 가정된 정체들이 선거들을 조작하고, 매체를 통제함으로써 비판을 억누르고, 반대자들을 박해하는 데 경찰과 법원들을 고용하고, 자신들과 자기들의 연고자들을 부유하게 하는 데 국가의 법적 및 재정적 권력을 남용한다. [≪이코노미스트≫를 발간하는 이코노미스트 그룹의] 이코노미스트 인텔리전스 유닛(Economist Intelligence Unit) (2019)의 보고서는 세계 인구의 단지 5.7퍼센트에만 본국인 단지 22개 나라만이 '충분한(full)' 민주 국가로 정당하게 불릴 수 있고 그 중 15개는 서구 유럽에 있다고 결론지었다. 참으로, '민주 공화국'을 자기들의 공식적인 이름에 넣은 (알제리아, 에티오피아, 북한, 라오스 그리고 네팔 같은) 나라들은 가장 권위주의적인 국가에 속하는 경향이 있다.

그러므로 우리가, 고의로나 자기기만에서 자신들을 민주적이라고 잘못 전하는 권위주의적 정체들에 속기보다는, 민주주의가 정말로 무엇인지 명백하게 알고 있어야 하는 것이 중요하다. 우리가 진정한 민주 국가들과 가짜 민주 국가들을 구별할 수 있도록 우리는 민주주의 핵심 원칙들을 상세히 나타낼 필요가 있다.

정부의 목적과 권력

그 과정을 시작하기 위해, 우리는 먼저 *정부*(government)의 목적이 무엇인지 묻고, 그다음 민주주의가 어떻게 그 목적을 돕는지를 물을지 모른다.

로크, 밀 그리고 기타 자유주의 이론가들이 제공하는 대답은, 비록 인간들이 사회적 동물이고 대개 같이 잘 지낼지라도, 그들이 자기들을 지배하거나, 빼앗거나, 속이는 데 기꺼이 강압을 사용하는 사람들에 의해 종종 강제될 수 있다는 점이다. 정부를 가지는 것은 개인들이 조직된 사법 제도를 통해서 강압의 사용을 억제함으로써 자기들의 자유를 극대화할 수 있게 한다. 그러므로 정부는 자기 자신의 독립적인 생명과 정체성을 가지고 있지 않다. 그것은 오로지 국민에게 안전을 제공하고 그들의 자유를 보호하기 위해서만 존재한다.

국민은 정부에게 이런 목적들을 달성할 일정 권한들—예를 들면, 범죄자들을 구금하고 처벌하는 데 강압을 사용할 능력—을 줄 필요가 있다. 그것은 정부가 거대한 강압을 행사할 필요가 있다는 점을 의미하는 것이 아니라, 그것이 가지고 있는 무슨 권력이든 국민을 위해 행사되어야 한다는 점을 의미한다. 정부 강압은 그들을 통제하는 데 사용될 수 없다—그것은[정부 강압은] 그것의[정부의] 전(全) 목적을 무효로 할 것이다. 그 장치는 *합의적*(consensual)이어야 한다. 그리고 정부의 결정들이 모든 사람에게 영향을 미치므로, 모든 사람이 그 과정에 포함되어야 하고 그들의 견해들은 평등하게 중요성을 지녀야 한다. 따라서 어떤 종류의 민주적 의사 결정 체제가 필요하다.

권력은 부패하는 경향이 있고, 절대 권력은 절대적으로 부패한다. 위인들은,

심지어 그들이 영향력을 행사하지, 권한을 행사하지 않을 때조차도, 거의 항상 나쁜 사람들인데, 당신이 권한에 의한 부패의 경향이나 확실성을 덧붙일 때는 더욱더 그렇다.

—액턴 경(Lord Acton) (1887), ≪크레이턴(Creighton) 주교에게 보내는 편지≫

그러나 정부가 강제력을 *정말* 가지고 있으므로, 다수파에 속하는 사람들이 그 권력을 다른 사람들에 대해 사용할 수 있을 위협이 남아 있다. 참으로, 인간들이 자기 이익을 추구한다는 점을 고려하면, 우리는 그들이 그렇게 할 것으로 생각해야 한다. '정부의 체제를 고안할 때,' 18세기 스코틀랜드 철학자 데이비드 흄(David Hume) (1758)은 경고했다, '모든 사람은 악한으로, 그리고 사익 외에는 어떤 다른 목적도 가지고 있지 않은 것으로 가정되어야 한다.' 200년 후, 자기의 전시(戰時) 책, ≪노예의 길(The Road to Serfdom)≫에서, 영국계 오스트리아 사상가 F. A. 하이에크(F. A. Hayek) (1044)는 민주 국가가 얼마나 쉽게 부지중에 전체주의적 독재의 폭력단 지배로 빠질 수 있는지 기록했다. 그리고 참으로, 2020년 코로나바이러스 감염증-19(Covid-19) 세계적 유행병(pandemic) 동안, 민주주의 국가들의 많은 국민은 자기들의 정치인들이 일상생활의 행위에 전면적인 제한을 부과하기 위해 가지고 있는 권한들에 놀랐다.

만약 견제되지 않는다면, 과반수 규칙은 소수파들과 개인들에게 집권 다수파의 자기 이익에 대비한 아무런 보호를 제공하지 못한다. 따라서, 개인들의 기본권들과 자유들이 항상 어떤 과반수 결정도 능가하고, 정부가 오직 그것들을 보존하기 위해서만 개입하는, 제한된, *자유 민주주의*(liberal democracy)에 찬성하는 주장이 있다(Butler 2013). 그런 제한들은 공식적으로 헌법에 규정될지 모른다.

그러나 어떤 이론가들은 민주주의가 부지중에 억압에 빠질 우려가, 설사 실재한다고 할지라도, 과장되어 있다고 믿는다. 예를 들어, 터키계 미국인 경제학자 대런 애서모글루(Daron Acemoglu)와 그의 영국 동료 제임스 로빈슨(James Robinson) (2006)은 민주주의가 정치 제도들, 경제 체제 그리고 시민 문화가 강한 곳에서 살아남을 수 있고 정말 살아남는다는 점을 발견하였다. 마찬가지로, 정치학자들 앙드레 알베스(André Alves)와 존 메도크로프트(John Meadowcroft) (2014)도, 사실상, ―전체주의 체제들이 장기적으로 살아남으려고 애쓰지만―혼합(국가와 민간) 경제 체제들을 가진 온건한 민주 국가들이 광범위할 뿐만 아니라 안정적이라는 점을 발견했다. 아주 간단하게, 지배 폭력단과 그것의 연고자들의 크기에 실제적인 한계가 있는데, 왜냐하면 착취자들의 수가 더 많아지게 되면 착취할 생산적인 국민이 더 적(고 덜 동기화되)기 때문이라고, 그들은 주장한다.

민주주의의 주요 역할

민주주의가 아마도 *집합적 선택을 할 공정한 방식*일 뿐만 아니라, 이론가들은 그것을 다른 이유로 지지하기도 했다. 어떤 사람들은 민주주의가 도덕적 및 정치적 평등에 기반을 둔 유일한 정부 체제이기 때문에 그것이 *그 자체 선*이라고 주장한다. 다른 사람들은 그것이 사회 참여, 개인적 책임, 평화 혹은 번영 같은 *좋은 결과들*을 낳는다고 말한다. 이 모든 것에 대한 증거는 논쟁의 여지가 있다.

그렇지만 종종 간과되는 하나의 명백한 민주주의 편익이 있다. 우리는 민주주의를 주로 우리의 의사 결정자들을 *선출하는* 방식으로서 생각하는 경향이 있다. 그러나 그것의 진정한 중요성은 그들을 *억제하는* 데—그리고 그들을 평화적으로 *쫓아내는* 데—있다. 결국, 입법자들은 천사가 아니다. 그들은, 우리 나머지와 같이, 인간이다. 그들은 권력으로 쉽게 유혹받고 타락된다. 재직 중에, 그들은 자기들 자신의 이익들을 우리의 것들에 우선하기 시작할지 모른다. 혹은 어쩌면, 시간이 지남에 따라, 그들의 견해들(혹은 우리의 것들)이 바뀌고 우리는 그들이 더는 우리를 적절하게 대표하지 않는다고 느낀다. 그 이유가 무엇이건, 선거들에서 사람들을 관직에서 쫓아내는 우리의 능력은 그들이 권력을 축적하고 남용하는 것을 막는 데 도움이 되고 그들이 대표하게 되어 있는 대중에 그들이 계속 집중하게 한다. 20세기 영국계 오스트리아 철학자 카를 포퍼 경(Sir Karl Popper) (1945)이 표현했듯이, '사람이 그 선함과 지혜에 암묵적으로 의존할 수 있는 정부를 얻기는 전혀 쉽지 않다. ... [이것으로] 우리는, *누가 통치해야 하느냐?* 라는 질문을, *나쁘거나 무능한 통치자들이 너무 큰 손해를 끼치는 것을 막을 수 있도록 우리가 어떻게 정치 제도들을 조직할 수 있는가?* 라는 새로운 질문으로 바꾸지 않을 수 없다.' [이탤릭체는 원전에서.]

직접 민주주의

민주주의는, 우리가 보았듯이, *직접적*이거나 *대의적*일 수 있다. 직접 민주주의(direct democracy)에서는, 일반 대중이 직접 (세율, 방위 혹은 복지 정책 같은) 정치적 쟁점들에 관해 결정한다. 그러나 직접 민주주의는 오늘날 드물다.

직접 민주주의가 정말 살아남아 있는 한 곳은 스위스이다. 거기에서는, 대부분 정치 권력은, 연방 정부보다, 27개 주(cantons)와 3,000개 코뮌(communes)에 귀속한다. 주들은 크기가 다양한데, 150만 인구를 가진 취리히(Zurich)에서 단지 16,000명만 가진 아펜젤 이너호덴(Appenzell Innerhoden)에 이른다. 주민 투표(referendums)가 흔하고 더 작은 주들은 시민들의 집회(citizens' assemblies)를 사용한다. 또 하나의 예는 약 1,000개의 뉴잉글랜드(New England) 읍에서 열리는 읍민회(Town Meetings)이다. 17세기로 거슬러 올라가서, 이 집회들은 하이웨이, 면허 그리고 예산 같은 지방적 문제들—비록 정확한 혼합은 다양하다 할지라도—을 통치한다. 그러나 어떤 것들은 대의기관으로 변형되었는데, 더 큰 읍들이, 모든 사람이 참가하기보다는, 읍민회에 참가할 대의원들을 선출함으로써이다. 그리고 현대 국민 국가들도 역시 그저 너무 커서 그것들의 국민이 입법 집회에 모일 수 없다. 그들이 가끔 주민 투표를 개최할지 모르지만—거기서는 전 유권자가 특정 쟁점에 관해 투표할 수 있다—이것은 현대 국가가 직면하는 복잡한 쟁점들에 관해 세부에 걸친 결정들을 하는 데 방해가 되는 방식이다.

몇몇 행동주의자들은 온라인 투표를 통해 현대 민주주의가 더욱 직접적으로 될 수 있으리라고 주장한다. 그러나 다수파가 정당하게 결정할 수 있는 것에 여전히 한계가 있어야 할 것이다. 그리고 대중이 정책들을 조사하고 끊임없는 흐름의 어려운 정치적 결정들을 하는 데 충분한 관심과 끈기가 있는지 회의가 있다.

대의 민주주의

이것들과 같은 이유로, 현행 표준은 *대의 민주주의*(representative democracy)이다—여기서는 대중은 일반적으로 스스로 법률들을 만들지 않고, 자기들을 대신해서 법률들과 정책들에 관해 결정할 (시장, 의회 의원 그리고 대통령 같은) 대표자들을 선출한다.

비판자들은 이것이 진정한 민주주의가 아닌 것이 주택 도장업자를 고용하는 것이 주택을 스스로 도장(塗裝)하는 것과 같지 않은 것과 같다고, 그리고 대중의 유일한 역할이란 일들을 운영할 사람들을 선택하는 매우 제한된 역할이라고 주장한다. 그러나 적어도 대중은, 통치자들이 자기들에게 부과되기보다는, 그 선택에 관여하고, 그들은 여전히 자유롭게, 공직에 출마하고 계속 진행 중인 공개 토론에 참여하는 것 같이, 더 깊이 관여할 수 있다.

덧붙여서, 오늘날 많은 대의 체제는 여전히 직접적인 대중 통제의 요소들을 유지하는데, (일반 대중이 주요 쟁점들에 관해 투표하는) *주민 투표*(referendums), (투표자 집단들이 의회에서 표결을 강제하거나 주민 투표를 시행할 수 있는) *청원*(petitions)과 *주민 발안*(initiatives), (대표자들이 단지 규정된 기간만 재직할 수 있는) *임기 제한*(term limits), 그리고 (유권자들이 대표자를 공직에서 추방할 수 있는) *주민 소환*(recall) 같은 것들이다. 그러나 대체로, 많은 유권자는, 모든 쟁점을 스스로 고찰해야 하기보다는, 일상 정치를 그것에 더 많은 시간, 판단 그리고 관심이 있는 사람들에게 맡기기를 더 선호한다.

그래서 사람들이 오늘날 '민주주의'에 관해 이야기할 때, 그들은 보통 대의 정부를 의미하고, 이것은 그 단어의 현대 의미가 되었다. 그러나 이 용법은 혼란을 정말 발생시킨다. 그것은 광범위한 서로 다른 체제를 한 단어에 되는대로 집어넣는다. 그것은 (입법에의 대중 참여 같은) 직접 민주주의의 미덕들이 또한 대의 체제들에도 존재한다고, 설사 몇몇 그러한 체제에서 일반 대중이 거의 혹은 전혀 진정한 발언권이 없다고 할지라도 그렇다고, 또한 암시하기도 한다.

자유 민주주의

매우 광범위한 대의 체제들 안에 *자유 민주주의*(liberal democracy)가 있다. 자유 민주 국가들은 고전적 자유주의 원칙들의 지배를 받는 대의 체제이다. 가장 중요하게, 그것들은—생명, 자유 그리고 재산에 대한 권리들 같은—개인의 권리들이 항상 존중되어야 할 것을 요구하는데, 즉 어떤 '민주적' 결정도 그것들을 짓밟을 수 없다. 그러나 더욱 넓게, 종종 자유 민주 국가들로 서술되는 나라들은 이 보호를 달성하는 것을 돕는 다른 특징들을 공유하는데, 결정들이 어떻게 이루어지는가에 관한 일반적으로 인정된 법적 규칙들, 정부에 대한 헌법적 제한, 입법권과 행정권의 분리, 그리고 독립적인 사법 제도 같은 것들이다. 그것들은[자유 민주 국가들은] 또한 공무에 대한 대중 참여에도 개방되어 있는데, 누구든 공직에 출마할 수 있는 자유롭고 공정한 선거들, 경쟁하는 정당들, 독립적인 대중 매체 그리고 공개 정치 토론 같은 것들이다.

그것을 넘어서는, 그것들은 많은 면에서 다르다. 비교적 자유로운 민주주의의 어떤 예들은 *입헌 군주국들*(constitutional monarchies) (예를 들면, 덴마크, 일본, 스페인 그리고 영국)—명목상 군주가 수반이지만, 그 권력이 헌법적 규칙들로 제한되는 군주인 정부들—이다.

다른 것들은 *공화국들*(republics) (예를 들면, 프랑스, 아일랜드 그리고 미국)인데, 거기서는 지도자들이 선출되지만, 그들의 권력도 역시 헌법적으로 제한된다. 그리고 각 체제에서는, 서로 다른 헌법적 요소—국가수반(예를 들어, 군주 혹은 대통령) 그리고 다양한 의회원(院)(예를 들어, 상원 혹은 하원)과 정부 부(행정부, 입법부 그리고 사법부)—가 서로 다른 정도의 권력을 가지고 있을지 모른다.

자유 민주주의는 바르게 하기가 쉽지 않다. 그것이 어떻게 작동해야 할지 그리고 그것이 어느 권리들과 자유들을 과반수 의사 결정보다도 우선해야 할지는 복잡하고 논쟁적인 질문들이다. 예를 들면, 자유 민주 국가에서 다수파가 자기들과 의견이 다른 소수파를 자의적으로 체포하거나 투옥하거나 추방할 권력을 가져서는 안 된다는 점은 명백한 것 같다. 그러나 그들이 정당하게 소수파들에 과세할 수 있—고, 말하자면, 부유한 사람들에게 더 높은 세금을 부과할 수 있—는가? 그들은 시민들을 자기 피해(self-harm)에서 구할 것을 기대하여 (그들의 마약, 알코올 혹은 설탕 소비를 제한하는 것과 같이) 사람들의 생활양식들에 개입하는 것이 허용되는가? 혹은 국익을 위해 (그들이 살거나 일하는 곳과 같은) 사람들의 경제적 선택을 명령하는 것은? 자유 민주 국가에서 당국은 전시나 세계적인 유행병 때 일정 자유들을 중지하거나, 테러리즘의 위협과 싸우는 것에 도움이 되도록 자기 국민의 통신을 감시할 수 있어야 하는가?

그러한 질문들에 간단한 예/아니요 대답들은 없다. 비록 자유 민주주의가 현저하게 탄력성이 있다고 할지라도, 그것을 밑받침하는 원칙들에 대한 일반적인 이해가 있어야만 그것의 미래가 보장될 수 있다.

4 민주주의의 원칙들

자유 민주주의의 본질적인 요소들

종종 자유 민주주의의 예로서 서술되는 나라들을 우리가 고찰할 때, 일정 특징들과 제도들이 두드러진다.

넓은 선거권. 자유 민주주의는 *넓은 선거권과 평등한 정치적 지위*에 기초를 둔다. 거의 모든 성인은 투표할 자격이 있고 그들의 표들은 평등하게 가치가 있다. 아이들과 심한 정신적 장애가 있는 성인들은 투표할 자격이 없는 것으로서 배제될지 모른다. 그리고 어떤 나라들에서는 재소자들은 (그리고 심지어 석방된 중죄인들조차도) 그들의 범죄 행위가 그들을 사회 문제들에 참여하기 부적합한 것으로 한다는 근거에서 배제될지 모른다. 그렇지 않다면, 모든 국민이 포함된다.

그러나 정확하게 누가 국민으로서 간주되는지는 논의의 여지가 있다. 한때는, 오직 재산이 있는 남성들만 책임감 있게 투표할 만큼 나라에 충분한 이해관계가 있는 것으로 간수되었다. 비슷한 이유로, 오늘날 어떤 국민은 최근 이민자들과 임시 거주자들에게 투표권을 거부하곤 한다.

또 하나의 문제는 영토가 서로 다른 주민에 의해 점거되어, 그들의 국민 의식(예를 들어, 우크라이나에 있는 러시아인들), 언어(예를 들어, 캐나다에서 불어 말하는 사람들), 인종(예를 들어, 남아프리카에서), 혹은 종교(예를 들어, 소말리아, 보스니아, 이라크, 파키스탄 그리고 많은 다른 나라에서)에 의해 나누어질지 모른다는 점이다. 각 집단은 다른 집단들이 자기들에게 영향을 미치는 집합적 결정을 할 권리를 거부할지 모른다. 자유주의 원칙들은 국민 자격의 정의(定義)를 가능한 한 포괄적으로 할 것이다. 그러나 국민 자격 규칙들은 또한 명백하고 일반적으로 받아들여지기도 해야 한다—이것은 달성하기 어려울지 모른다.

개방 선거들. 자유 민주 국가들은 누구든 공직에 출마하게 허용한다. 다시 아이들, 죄수들 혹은 정신적 장애가 있는 사람들은 배제될지 모른다. 그러나 사람들은 자기들의 특정 정당, 종교, 계급, 가족, 인종 집단 혹은 성 때문에 후보로서 배제되지 않는다. 또한 권력자들이 자기들의 반대자들을 공직에 부적합하다고 결정할 자격도 없다. 자유 민주 국가는 자기의 국민을 신용해서 누가 자기들을 대표하는 것이 적합한지 그들 자신의 결정을 하게 한다.

자유 민주 국가에서 선거들은 *빈번하고, 자유로우며, 공정하다. 빈번함*에 관해, 서로 다른 나라는 서로 다른 공직의 선거들이 얼마나 자주 열려야 하는지에 서로 다른 견해를 가지고 있다. 예를 들어, 미국은 하원 의원을 2년마다, 대통령을 4년마다, 그리고 상원 의원을 6년마다 선출한다. 프랑스는 자기 대통령을 7년마다 선출했다가 2000년 국민 투표에 이르러서야 그것을 5년으로 줄였다. 그리고 많은 곳은 선출직 공무원들이 채울 수 있는 임기 수에 제한을 둔다. 중요한 것은 선거들이 아주 빈번하고, 임기들이 아주 짧다는 것인데, 첫째 누구든 전제적 권력을 축적하는 것을 막기 위해서고, 둘째 폭력에 의지하기 보다 다음 선거까지 평화롭게 기다리는 것이 가치가 있다고 패배한 쪽에 확신시키기 위해서다.

자유로운 선거들은 투표자들이 협박당하지 않고 투표할 수 있고 누구에게 투표할지 선택할 수 있는 선거들이다. 그것은 그다음 진정한 비밀 투표의 사용이 필요하다. 자유 민주 국가들은 종종 이 조건들이 충족되도록 확실히 하기 위해 독립적인 [선거] 관리 위원단들을 사용한다.

공정한 선거들은 개인들과 정당들이 당선을 추구하고, 선거 운동하며, 평화로운 집회를 개최할 평등한 권리를 가지고 있는 선거들, 선거구 경계들이 정권을 잡은 정치인들에 의해서가 아니라 독립적인 위원단들에 의해서 객관적으로 결정되는 선거들, 표들이 정확하게 계산되는 선거들 그리고 그런 표들이 결과를 결정하는 선거들이다. 그렇지만 '공정한(fair)' 것으로 보는 것의 세부 사항에 관해 나라들은 서로 다른 견해를 가지고 있다. 예를 들어, 영국은 선거 지출에 대해 낮은 한도가 있지만, 정당들에 대한 기부금에 대해서는 그렇지 않다. 반면 미국은 기부금에 대해서는 한도가 있지만, 지출에 대해서는 그렇지 않다.

자유로운 토론. 오직 쟁점들이 자유롭게 제기되고 토론될 수 있어야만 자유롭고 공정한 선거들이 작동한다. 그것은—선동으로 고발된다거나 그렇지 않으면 박해를 받는 일이 없이 권력자들을 비판하는 권리를 포함하여—자유 언론에의 권리를 함축한다. 그것은 권력자들을 위해 국가에 의해 통제되는 일이 없는 자유 매체를 함축한다. 그리고 그것은—공식 정보에 대한 국가 독점이 아니라—사람들이 정부에 관한 정확한 정보에 접근할 수 있게 요구한다.

정직한 대표. 공직을 맡는 사람들은—만약 대표자들이 자기들의 권한을 초과하고 있거나 국민의 권리들을 침해하고 있다고 국민이 믿는다면 국민이 호소할 수 있는 독립적이고 불편부당한 법원들, 판사들 그리고 관리들을 사용하여—대중에 진정으로 책임을 져야 한다. 심지어 언제라도 입법자들을 쫓아낼 소환 규정들이 있을지도 모르는데, 만약 그들이 자기들의 지위를 남용했다고 그들의 선거인들이 결정하면 그렇다.

그리고 선거들의 주요 목적과 일치하게, 대표자들은 선거 결과들을 존중해야 하고 자기들이 투표로 쫓겨날 때 물러날 준비가 되어 있어야 한다. 결국, 자유 민주주의의 목적 중 일부는 정치 이전(移轉)들을 가능하게 그리고 평화롭게 하는 것이다. 현직자들이 재직하는 것을 돕는 데 국가 권력이 사용될 수 없다. 오히려, 그것은 선거인들의 선택들이 존중되는 것을 확실히 하는 데 사용되어야 한다.

권리들과 원칙들. 개인들의 기본권들이 알려져 있고, 일반적으로 받아들여지며, 존중되고, 어떤 선거 다수파도 그것들을 뒤엎을 수 없도록 법적으로 보장되는 것도 역시 중요하다. 이 권리들이 인간이라는 것의 고유한 부분으로서 간주되건, 그것들이 작동하는 것 같으므로 채택되건, 사람들이 무슨 권리들을 가져야 하는지에 관한 넓은 의견 일치와 그것들을 보호하는 데 대한 일반적인 헌신이 있어야 한다.

확실히, 서로 다른 자유 민주 국가는 그런 기본권들이 무엇이 되어야 할지에 약간 서로 다른 견해를 가지고 있다. 모두는 모든 사람이 생명, 자유, 개인적 행복의 추구, 그리고 재산의 소유에 대한 권리를 가지고 있다는 점에 의견을 같이한다. 그러나 정확한 규칙들—예를 들면, 당신이 당신의 땅에 지어도 되는 것이나 지어서는 안 되는 것, 혹은 당국이 당신을 투옥하는 것을 정당화할지 모르는 범죄들—은 다를지 모른다.

헌법들. 대부분 자유 민주 국가는 국민의 기본권들을 보호하고, 선거에 의한 권력(elective power)에 대한 한계를 규정하며, 그것을 억제하기 위한 권력 분립과 같은 메커니즘들을 제공하는 헌법을 작성했다. 그러나 헌법은 단일의 문서로서 존재하지 않을지도 모른다. 예를 들어, 영국에서는, 마그나 카르타에서 권리 장전을 거쳐 의회법과 자치법들에 이르기까지 여러 법률과 관습이 국민의 핵심 권리들과 정부가 작동해야 하는 방법을 규정한다.

다수파가 그러한 보호책들을 그저 파기할 수 없도록 확실히 하기 위하여, 대부분 헌법은 그것들이 변경될 수 있기 전에 큰 다수와 신중한 과정을 요구한다. 예를 들어, 미국 헌법에 대한 수정들은 상원과 하원에서 3분의 2 다수에 덧붙여 주 입법자들(주 의회(Legislatures) 혹은 헌법 [수정] 회의(Conventions)를 가리킴—옮긴이 주)의 4분의 3이 승인할 것을 요구한다. 영국은 예외다. 이론적으로 의회는 자기의 헌법적 구조의 어떤 부분도 개정할 수 있다—비록 통상 어떠한 그러한 제안도 매우 길고 까다로운 공청회를 겪지 않으면 안 될지라도.

그렇지만, 궁극적으로, 심지어 성문 헌법조차도 개인의 권리들과 자유들을 보호하지 못할 것이다. 그것은 일반 주민 사이에 깊은 문화적 및 지적 헌신을 요구한다.

자유 대표의 바람직한 요소들

참여. 이 본질적인 특징들에 덧붙여서, 다른 바람직한 특징들이 있다. 예를 들면, 민주적 과정에의 *넓고, 능동적이며, 자발적인 참여*의 문화를 가지는 것이 이로운 것으로 생각된다. 이것은 서로 다른 의견이 발표될 수 있게 하고 그 과정의 정당성을 증가시킨다—비록 자유주의자들은 민주주의를 정당화하는 것이 *정치적 참여*의 극대화가 아니라 *개인의 자유와 안전*의 극대화라고 언급할지라도.

후보들. 정당들은 민주주의의 유용한 특징인데, 왜냐하면 그것들은 선거인들에게 파악할 '브랜드(brand)'를 주기 때문이다. 그러나 이것은 다시 억제를 요구한다. 만약 정당들이 (예를 들어, 각 후보의 선거강령을 명령하고 의회에서 자기들의 표들을 '채찍질함(whipping)'으로써) 자기들의 브랜드를 너무 엄중하게 통제하려고 한다면, 후보들은 자기들의 독립성을 잃고 대중은 자기들의 판단이 거부된다. 이것은 후보들이, 정당 내부자들의 정치 지배력을 더욱 공고히 하는 승인된 후보들의 정당 명부들에 의해서보다, *공개적으로 선택되어야 한다*는 점을 암시한다.

연방제. 이상적으로, 선택들을 하는 사람들이 그것들[선택들]의 영향을 받는 사람들이지, 지방 상황을 별로 파악하지 못하는 멀리 있는 사람들이 아니도록, 결정들은 가능한 가장 낮은 수준으로 위임되어야 한다. 그러나 지방적 결정들에 대한 약간의 중앙 억제가 바람직하다. 예를 들어, 만약 특정 장소가, 종종 그렇듯이, 인종적 혹은 종교적 집단의 지배를 받는다면, 소수파들은 다수파의 억압을 받을지 모른다. 더 큰 지역에 걸쳐서는, 의견들이 더 혼합될 것 같고 그러므로 소수파들은 더 존중되고 보호될 것 같다.

시민적 관용. 그러나 이 모든 것을 보강하여, 자유 민주주의는 다양한 견해의 관용, 사회적 및 경제적 안정, 그리고 평화가 있는 곳에서 가장 잘 작동한다.

오늘날 '민주 국가'라고 주장하는 대다수 국가에서 이 바람직한 특징들이 얼마나 많이 실제로 널리 보급되어 있는지는 여전히 의문의 여지가 있다.

자유 민주주의의 운영

사법. 우리가 보았듯이, 자유 민주주의는 주로 개인적 자유를 지키고 확대하기 위해 그리고 개인들을 강제로부터 보호하기 위해 존재한다. 그러므로 그것은—당국자들에 의한 권력 남용을 포함하여—사기와 강압의 사용을 방지하고 처벌할 사법 제도가 필요하다.

이것이 작동하기 위해서는, 법률들이 일반적으로 이해될 수 있도록 *법률들은 원칙에 의거하고, 명백하며, 비교적 안정적이어야 한다*. 그것들은, 자의적이 아니라, 널리 예측 가능할 필요가 있고, 그것들을 준수하는 것이 실행 가능하여야 한다. 사법(司法) 과정 그 자체도 역시 원칙에 의거하고 예측 가능하여야 하며, '적법 절차(due process of law)'를 따라야 하는데, (예를 들면) 자의적인 체포나 구금이 있어서는 안 되고, 피고인들이 자기들에 대한 혐의를 알고, 공정한 재판에서 자기들의 고소인을 대면하며, 침묵하는 채로이지만 그것이 자기들에게 불리하게 작용하지 않을 권리를 가지고서다.

개인의 권리들과 자유들을 더 보호하기 위해, 경찰, 법원 그리고 법관은 독립적이어야—정치 권력자들의 통제를 받지 않고 그들의 이익을 촉진하지 않아야—한다. 예를 들면, 만약 통치자들이 공금을 훔친 혐의를 받으면, 사법 제도가 적절한 조사와 기소를 두려움 없이 수행할 수 있을 필요가 있다. 그리고 만약 통치자들이 자기들 자신의 이익에 이바지하도록 헌법을 고치거나 그릇 해석하려고 시도한다면, 그것도 역시 반대되어야 한다.

재산권들. 자유 민주주의는 재산의 소유와 사용을 기본권으로서뿐만 아니라 강제에 대비한 보루(堡壘)와 경제적 진보의 동인(動因)으로서도 간주한다. 재산을 창출하는 데 시간과 정력을 투자한 사람은 그것을 사용하고 누릴 권리가 있다. 그러므로 사법 제도는 사람들의 재산을 보호하는데, 그것이 그들의 신체를 보호하는 것과 똑같다. 정확한 규칙들은 서로 다른 나라 사이에서 다를지 모르지만, 개인들은 자기들의 재산을 다른 사람들이 사용하는 것을 *배제하고*(exclude), 자기들의 재산을 스스로 자유롭게 *사용하며*(use), 그것을 선물이나 판매로 *이전할*(transfer) 수 있어야 한다. 이 규칙들은 법원에서 집행 가능해야 한다.

과세. 자유의 보호에는 방위와 사법 제도가 필요하고, 과세는 그것들의 비용을 대는 합리적인 방식인 것 같다. 그러나 이것은 국민의 재산—이 경우, 그들의 돈—을, 그것을 보호하게 되어 있는 국가가, 그들에게서 빼앗아야 한다는 점을 정말 의미한다. 자발적인 기부에 의지하는 것은, 어떤 사람들이 대가를 지급하지 않고 국가의 서비스를 누릴, '무임승차자(free rider)' 문제를 열 것이다. 만약 강제적 지급금이 유일한 실행 가능한 선택지라면, 자유 민주 국가는 세금이 낮으면서 오직 국민의 권리들과 안전을 보호하는 데만 사용되도록 확실하게 한다. 그러나 다수파들이 ('부자들'과 같은) 소수파들을 착취하는 데 쉽게 세금을 사용할 수 있을 것이라는 점 때문에 미국 정치경제학자들 제프리 브레넌(Geoffrey Brennan)과 제임스 뷰캐넌(James Buchanan)(1980) 같은 몇몇 자유주의자는 과세가 크기에서 제한되어야 하고, 남용을 막도록 구조화되어야 하며, 오직 준(準)만장일치 합의로만 착수되어야 한다고 주장하게 되었다.

개인적 자유. 존 스튜어트 밀(John Stuart Mill)이 지적했듯이, 정부들은 안전과 자유라는 제한된 목적들을 달성하는 것을 제외하고는 국민의 생명, 자유 그리고 재산에 대해 권한이 없다. 만약 정부의 기능이 자유를 보호하는 것이라면, 개인의 자유에 대한 어떠한 구속들도 미리 충분하게 정당성이 증명되어야 한다. 정부는 국민의 행동들을 자의적으로나 충분한 고려 없이 제한할 수 없다.

중요하게, 공공 정책의 충분한 고찰은 개인들이, 검열이나 처벌을 두려워하지 않고 법률과 정부를 비판할 수 있는 것을 포함하여, 자기들이 좋아하는 대로 생각하고 말할 권리가 있어야 한다는 점을 의미한다. 그들은 자유롭게 함께 회합하고, 정당을 형성하며, 선거 운동할 수 있어야 한다. 이것들은 자유 민주 국가의 작동에 결정적이다. 그것들에 대한 어떠한 제한들도 널리 정당성이 증명되어야 한다.

마찬가지로, 사람들은 자기들이 선택하는 대로 살 수 있어야 한다. 정부는 우리의 자유들을 보호하기 위해 존재하지, 우리의 생활양식을 명령하기 위해 존재하지 않는다. 또한, 의존할 다양한 생각과 생활방식을 가지는 것은 사회가 성장하고, 발전하며, 생존하는 것을 돕는다. 그리고 당신 자신의 삶을 통제할 자유는 개인적 및 도덕적 발전과 학습에 필수적이다. 당국의 통제를 받는 부호들(ciphers)의 국가는 진보하지 못하거나 변화하는 세계에서 생존하지 못할 것 같다.

자유와 안전이 정부의 주요 기능들이기 때문에, 우리는 그것들을 산출하지 않는 정부—특히 적극적으로 그것들을 침해하는 정부—를 제거할 온갖 권리를 가지고 있다. 이상적으로, 그것은 평화적인 수단을 통해야 하는데, 이것은 자유 민주 국가들이 선거가 있는 이유이다. 그러나 우리는 여전히 우리 자신과 우리의 재산을 다른 사람들에 의한, 심지어 국가에 의한, 남용으로부터 보호할 권리를 보유하고 있다. 평화로운 정치적 혹은 사회적 질서는 신뢰, 협력 그리고 의사 전달에 기반을 두고 있다. 강압이 아니라 자유에.

경제적 자유. 경제적 자유는 개인적 자유에서 분리할 수 없다. 경제적 자원들을 통제하는 국가는 삶을 통제한다. 매체를 통제하고, 회의 장소들을 소유하며, 출판을 검열하고, 여행을 제한하는 국가는 대중 비판과 토론을 폐쇄할 수 있다.

경제적 자유는 어떤 경우에든 경제적 자원들의 정치적 통제보다 번영에 대한 더 확실한 길이다. 영국 작가 맷 리들리(Matt Ridley) (2020)

가 지적하듯이, 만약 재화와 서비스가 더 값싸고 더 나아지려면 개인의 혁신과 기업가 정신이, 그리고 많은 마음의 적용이 필수적이다. 자유 경제는 통제 경제보다 변화에 훨씬 더 빠르게 적응할 수 있다.

5 오늘날의 대의 민주 국가들

의회 정부

입법권과 행정권. 대부분 역사 동안, 입법 의회들(legislative assemblies)은 귀족적 단체였다. 그것들이 일반 대중에 의해 *선출되고* 일반 대중을 *대표할지* 모른다는 생각은 훨씬 더 최근에 생겼다. 예를 들어, 영국의 의회는 왕의 권력을 억제하려고 시도하는 귀족 회의(council of barons)에서 생겼다. 점차, 귀족이 아닌 지주들이 구성원으로서 추가되었지만, 중세 의회들의 목적은 여전히 왕권에 대해 재산을 가진 사람들을 보호하는 것이었지, 평민들을 이롭게 하는 것이 아니었다.

추가의 대립들 후에, 군주의 예로부터의 권력은 의회 자체가 많이 인수하였다. 그리고 영국은—행정권과 입법권이 여전히 분리되지 않고 수상과 대신들[장관들]이 의회의 일원인—*의회 정부*(parliamentary government)를 (지금은 영연방 안에 있는 많은 이전 식민지를 포함하여) 다른 나라들에 수출했다.

이 모형의 한 가지 편익은 장관들이 선거인들에 직접 책임을 진다는 점이다. 그러나 의회에 행정부를 가지는 것은 대중을 행정 권력으로부터 보호하는 그것의 역할을 약화한다. 반대로, 미국식 권력 분립은 행정부가 훨씬 더 넓은 전문 지식 풀(pool)로부터 선택될 수 있게 하고, 그것의 권력이 독립적인 의회에 의해 견제될 수 있게 한다. 그러나 그때 장관들은 대중에 더 멀어지고, 덜 책임을 지게 된다.

단원제와 양원제. 대부분 자유 민주 국가는 *양원제*(bicameral) (두 의원(議院)(two-chamber)) 의회를 서서히 발전시켰다. 두 입법원을 가지는 것은 각각이 다른 것의 행동들을 의문시하고 억제할 수 있게 한다. 그것들의 차이점들은 법률들이 통과되기 전에 해결되어야 해서, 개인들이나 소집단들의 권리들을 배반하는 것을 더 어렵게 한다. (그러나 노르웨이, 아이슬란드, 덴마크, 스웨덴 혹은 뉴질랜드와 같이 한 의원 *단원제* 의회를 가진 어떤 나라들은 개인의 권리들을 강하게 존중하지만, 러시아나 짐바브웨와 같이 두 의원 *양원제* 의회를 가진 어떤 다른 나라들은 그러한 이상들을 덜 존중한다.)

만약 각 의원(議院)의 의원(議員)들이 서로 다른 방법으로 선택된다면, 그것은 공개 토론에 더 광범위한 관점들을 가져올 수 있다. 예를 들면, 미국은 대충 균등한 인구 지역들에서 하원 의원들을 선출하지만, 각 주는 자기의 크기와 상관없이 단지 두 명의 상원 의원만 선출한다. 이것은 더 작은 주들의 이익이 경청 되도록 보장하는 데 도움이 된다. 오스트레일리아 상원 의원들은 *단식 이양 투표*(single transferable vote) 제도로 선출되는데, 이것은 하원에서 사용되는 *즉시 결선 투표*(instant run-off) 혹은 *선호 투표*(preferential voting) 제도보다 그 의원[상원]에서 더 큰 다양성을 낳는다.

대통령제들

입법권과 행정권이 분리되는 곳에서는, 행정부는 종종 대통령에 의해

지도된다. 대통령의 역할은 다양하다. 아일랜드와 같은 어떤 나라들에서는, 그것은 대개 의식적(儀式的)이다. 미국과 같은 다른 나라들에서는, 대통령은 강력한 행정 권한들을 행사한다. 다른 무엇보다도, 미국 대통령은 장관들과 관리들을 임명하고, 예산들을 제안하며, 법률을 거부하고, 조약들을 협상하며, 심지어 전쟁을 수행할 권한조차 있다.

대통령들은 대중 투표로 선출되거나 입법자들에 의해 선택될지 모른다. 그러나 만약 그들이 넓은 대중 선거권에 근거하여 선출된다면, 그들은 일반 대중의 자유와 안전을 위협할지도 모르는 입법적 조치를 막을 독립성과 정당성—추가적인, 유용한 권력 억제—을 가지고 있다.

입헌 군주 국가들

놀랄 정도로 많은 자유 민주 국가는 실제로 *입헌 군주 국가들*(constitutional monarchies)이다—거기서는, 이미 언급되었듯이, 군주의 권한들은 관습 혹은 성문 헌법 규칙들로 제한된다. 그것들은 영국과 영연방 국가들, 즉 오스트레일리아, 뉴질랜드 그리고 캐나다 같은 국가들을 포함한다. 유럽도 역시 벨기에, 덴마크, 네덜란드 그리고 스페인 같은 제한된 군주 국가들을 가지고 있다.

이 군주들의 정확한 권한들은 다양하다. 그러나 (대부분이 그렇듯이) 심지어 대개 의식적인 군주들조차도 여전히 약간의 권위를 행사할지 모른다. 예를 들면, 1981년 스페인의 쿠데타 미수 사이에, 새로이 복위된 왕, 후안 카를로스(Juan Carlos)는 군대에 병영으로 돌아가라고—성공적으로—명령했다. 입헌 군주들의 결정적 중요성은 그들이 소유하는 권력이 아니라, 그들이 군 장교들, 법관들 그리고 정치인들 같은 다른 사람들에게 인정하지 않는 권력일지 모른다.

대중의 역할

많은 비판자는 '투표자 무지(voter ignorance)'를 민주주의에서 근본적인 결함으로 본다. 그러나 선거인들은 모든 정책의 세부 사항들 자체를 고찰하고 이해할 필요가 없다. 그들이 할 일은 단지 자기들을 대신해서 그것을 할 대표자들을 선출하는 것뿐이다. 쟁점들에서 후보자의 넓은 자세를 나타내는 정당 라벨은 선거인들이 필요한 모든 정보일지 모른다.

선거인들에게는, 대의 제도들은 모든 사람을 의사 결정에 관련시키는 '참여(participative)' 제도들과 비교해 이점들이 있다. 선거인들은 자기들 자신의 관심사들에 바쁘고 정치적 논쟁들에 시간이나 관심이 거의 없을지 모른다. 그래서 그런 것이 있는 어떤 사람에게 그 일을 넘겨주는 것이 이치에 맞다. 그리고 선거인들은 자기들이 선택하는 입법자들이 자기들 자신이 가지고 있는 것보다 더 큰 전문 지식과 더 나은 정치적 판단을 가지고 있다고 믿을지도 모른다.

그렇다면 선거인들이 정치인들에게 주는 의사 결정 권력을 정치인들이 남용하는 것을 억제하는 것은 무엇인가? 혁명을 제하면, 그것은 선거 패배의 위협이다. 다시, 민주주의에서 대중의 주요 역할은 지도자들을 *선택하는* 것이 아니라 *그들을 쫓아내는* 것이다.

대중이 강한 지도자들을 선호하고 그들에게 큰 권한들을 넘겨줄지 모른다는 점은 진실이다. 그러나 어떤 지도자도 만약 그들이 국민의 동의를 잃으면 오래 강한 채로일 수 없다. 자유롭고 공정한 선거들로는, 지도력의 변경들이 평화롭게 일어날 수 있다. 그리고 자유 언론, 공개 토론 및 정직한 선거들을 가지고는, 정치인들은 대중 승인과 합의를 얻기 위해 경쟁해야 하고, 공직에 복귀할 타당한 주장을 하여야 한다.

과정의 보호

투표는 개인에게 매우 중요한 행위가 아닌데, 설사 민주 국가에서 누가 정부를 정말 형성하—거나 하지 않—는지 그것이 결정한다고 할지라도 그렇다. 그러나 정부에 권력이 부속돼 있고, 그래서 기득 이익 집단들과 정치적 당파들이 선거 결과들을 좌우하기 위해 사기, 매수, 강제, 투표 사기 그리고 기타 불법 수단들을 사용할지 모르는 위협이 항상 있다. 아주 걱정스러울 정도로, 재직자들은 선거구 경계들을 조작하려고 하거나, 투표자들에게 영향을 미치는 데 국가 자원들을 사용하거나, 후보들의 명성을 몰래 훼손하는 데 국가 매체를 사용하거나, 자기들의 경쟁자들에 적대하여 경찰, 군대 그리고 법원을 동원하거나, 간단히 각 후보에 던져진 표들의 숫자에 관해 거짓말할지 모른다.

자유 민주 국가는 이런 위협들에 저항할 메커니즘들이 필요한데, 독립적인 선거구 경계 및 선거 관리 위원회들, 선거들의 국제 감시, 후보들의 국가 자원 및 국가 매체 사용에 관한 규칙들, 그리고 선거 사기에 대한 처벌과 같은 것들이다. 그러나 최상의 억제는 그러한 부패를 거부하는 문화다.

선거 제도들

많은 서로 다른 선거 제도가 있고, 논평자들은 종종 어느 것이 '최상의' 결과들을 낳는지에 강경한 의견들을 가지고 있다. 그러나 '최상'이라는 것은 견해의 문제이다. 실제로는, 각 제도는 강점들과 약점들 양쪽 다 있다.

최다 득표자 선출(first past the post; FPTP)은 흔한 제도인데, 거기서는 가장 많은 표를 얻은 후보가 선출된다. 그것은 간단하고, 이해하기 쉽고, 빠르고, 그리고 명백한 결과들을 낳는다. 그것은 또한 선거인들에게 만약 정부에 문제가 있거나 자기들의 의견을 표현하고 싶으면 그들이 기댈 단일의 대표자를 제공한다. 반면에, 만약 던져진 표들이 많은 후보 사이에 쪼개진다면, 단지 소수파 지지만 가지고 있는 [그렇지만 최다 득표한] 어떤 사람이 선출될 수도 있다. 그 제도는 양당 정치에 유리한데, 이것은 여론의 완전한 분포를 포착하지 못할지 모른다. 그러나 만약 선거구들이 작다면[소선거구라면], 그 제도는 종종 '안전한(safe)' 의석들을 낳고, 지는 쪽의 투표자들에게 어떠한 실질적인 선거 권력도 전혀 주지 못한다.

이 문제들을 완화하기 위해 다양한 *비례 대표*(proportional representation) 제도가 고안되었다. 하나는 *대안 투표*(alternative vote) 제도다. 투표자들은 후보들을 선호 순서로 등급 짓고, 가장 적은 표를 얻은 후보들이 하나씩 제거되어, 그들의 두 번째 선호들이 다른 사람들에게 주어지는데, 한 후보가 절대다수에 도달할 때까지 그렇게 한다. 그 장점은 모든 사람의 선호가—적어도 어느 정도는—중요성을 지닌다는 점이다. 그러나 그때 그 제도는 이해하고 집행하기 복잡해진다. 그것은 FPTP보다 더 제3당 후보들에게 유리하지만, 그때 이것은 극단주의 정당들에 발판을 제공한다.

한 변형은, 더 크고 그러므로 한 정당이 '안전'해지는 경향이 덜할 수 있는, 중선거구를 가지는 것인데, 후보들의 수가 의석수에 일치할 때까지 패배하는 후보들이 제거되는, *단식 이양 투표*(single transferable vote; STV) 제도로 후보들이 선출된다. 그러나 이것은 이해하고 운영하기가 더욱더 복잡하다. 그것은 또한 투표자들을 누가 자기들을 대표하는지 확신하지 못하도록 할 수도 있다. 후보들은 투표자들에 호소하기보다 정당 명부에 오르는 데 더 관심이 있을지 모른다.

불행하게도, 이것들과 같은, 비례 대표제들은 (종종 작은 극단주의 정당들을 포함하는) '편의의 연합들(coalitions of convenience)'에 기반을 둔 정부들을 종종 낳는데, 이것들은 여론을 반영하지 않을지도 모르고 쫓아내기가 어려울 수도 있다. 반면에, FPTP와 기타 비(非)비례 대표제들은 제3당들을 과소 대표하는 위험을 무릅쓴다.

많은 다른 변종도 흔한데, 만약 어느 정당이 전국 표의 큰 몫을 얻지만, 의석을 별로 얻지 못한다면, 그것이 후보들의 정당 명부에서 배분되는 추가적인 의석들을 받는, *혼합 의원제들*(mixed member systems) 같은 것이다. 그러나 다시, 이것은 투표자들에 호소하기보다 정당 명부에서 높은 자리를 얻는 것에 더 집중하는 후보들을 낳는다.

대통령 선거들에 대해서는, 미국은 *선거인단*(electoral college) 제도를 사용한다. 유권자가 직접 대통령에 투표하지 않고 지역 후보들에 투표하면, 이들이 그다음 대통령을 선택하기 위해 투표한다. 이것은 매우 큰 주들에서의 유권자들이 더 작은 주들에서의 유권자들을 압도하는 것을 막도록 설계되어 있는데, 나라의 모든 지역이 계산되도록 확보한다. 그러나 그것은 또한 대통령이 던져진 표들의 오직 소수만으로도 선출될 수 있다는 점을 의미하기도 하는데, 2016년 도널드 트럼프와 2000년 조지 W. 부시가 그랬던 것과 같다.

결론적으로, 의심할 나위 없이 '공정한' 투표 제도는 없다. 그러나 만약 전체로서의 선거 제도가 공개적이고, 공정하며, 변화를 허용한다면, 적어도 패배자들은, 무기를 들기보다, 패배를 받아들이고 또 하나의 기회를 기꺼이 기다릴지 모른다.

대중에 대한 책임

자유 민주 국가들은—유일하게—많은 서로 다른 방식으로 공적인 책임을 추궁당한다. 예를 들면, 입법부는 행정 조치를 지연시키거나 방해할 수 있다. 법원들은 결정들이 합법적으로 이루어지고 집행되도록, 그리고 국민의 권리들이 보호되도록, 확실히 할 수 있다. 매체와 독립적인 전문가들은 정부 정책들의 지혜를 논쟁할 수 있다. 선거인들은 투표들에서 정부를 벌할 수 있다. 미국식 예비 선거들과 기타 선출 방책들은 후보들이 진정으로 공직에 적합하도록 확실히 하는 데 도움이 될 수 있다. 주민 투표들과 투표 발의들은 권력자들에 대한 추가 억제를 제공할 수 있다. 권력이 가능한 한 가장 낮은 수준에서 (가장 낮은 것은 개인이다) 행사되는 연방제는 사람들이 멀고 억압적인 당국에서 탈출할 수 있게 한다. 그리고 많은 종류의 시민 단체는 전국 토론에서 강력한 발언권이 있다.

헌법은 유용한 추가 억제이고, 개인들의 기본권들과 자유들의 소중한 보장을 제공할 수 있다. 그러나 헌법을 작성하는 과정은 주의를 요구한다. 그것은 쉽게 통치 정당들에 지배되거나, 정치 제도들을 자기들 자신을 위해 형성하려고 시도하는 특정 이데올로기 창도자들과 이익 집단들에 의해 납치될 수 있다.

민주주의와 권리들 사이의 긴장

민주주의는 불가피하게 개인의 권리들과 다수파 의지 사이의 균형이다. 자유 민주주의는 권리들에 우선순위를 부여한다. 그러나 정확한 균형은 결코 안정적이지 않을 것인데, 왜냐하면 세부 사항들에 관해 결코 완진한 합의가 없을 것이기 때문이다. 사람들이 공공연히 무엇을 하거나 말할 권리가 있는지, 자기들의 땅에 무엇을 지을 권리가 있는지, 혹은 (도박, 매춘, 마약 혹은 술과 같이) 무엇에 자기들의 돈을 쓸 권리가 있는지는 논쟁의 여지가 있는 문제들이다. 권리들은 논의의 여지가 없는 것이 아니다. 그것들은—사람들의 의견이 일치하지 않는—도덕 원칙들의 정치적 표현이다. 자유주의자들의 과업은, 가능한 한, 다수파 결정들의 정당성이라고 생각되는 것이 소수파의—그리고 궁극적으로 모든 사람의—자유들을 질식시킬 수 없도록 보장하는 것이다.

6 민주주의의 편익들

권력 축적의 방지

아마도 자유 민주주의의 가장 큰 편익은 대중이, 폭력에 의지할 필요 없이, 자기들의 지도자들을 평화적으로 바꾸는 것을 그것이 가능하게 한다는 점일 것이다. 독재 정권들에 대해서는, 반란과 혁명의 위협은 항상 주요 관심사이고, 그것들은 전형적으로 그것을 막기 위해 큰 군대를 유지한다. 그러나 그러한 군사력은 또한 더욱 일반적으로 비판을 억누르고 권력을 공고히 하기 위해 사용될지도 모른다.

대조적으로, 빈번한 지도력 변경은 지도자들이나 정치적 당파들이 권력을 축적하고 공고히 하는 것을 막는 데 도움이 된다. 그리고 설사 정부가 인기가 없게 된다고 할지라도, 억압적 군대를 여전히 덜 증강할 것 같은데, 왜냐하면 선거들이 빈번할 때는 폭력적 혁명의 위협이 더 낮기 때문이다. 평화가 지배하면, 인간의 노력과 관심은 더 생산적인 그리고 부유하게 하는 활동들로 돌려질 수 있다.

변화의 흡수

자유 민주 국가들은 적응한다. 그것들은 사건들에서, 그리고 대중 태도들에서, 변화들에 적응할 수 있다. 그것들은 대부분 다른 체제보다 이것을 더 잘 할 수 있는데, 왜냐하면 그것들은 사회가 어떻게 기능해야 하느냐에 관한 어떤 단일의 견해 혹은 이데올로기 혹은 편견 집합에 구속되지 않기 때문이다. 이데올로기와 편견은 일하는 정해진 방식을 촉진하고, 그것으로부터의 어떤 변화나 편차도 저항한다. 그러나 자유 민주주의는 변화를 포용하고 그것을 선용(善用)한다. 예를 들면, 민주주의는 많은 서로 다른 생각과 생활양식을 관용한다. 그래서 상황이 바뀔 때, 우리가 변화를 우리에게 유리하게 극복하거나, 흡수하거나, 돌리거나, 사용하는 것을 도울 수 있는 많은 실제적 선택지를 주위에 가지고 있다. 그리고 여러 해에 걸쳐, —이민, 복지 제공, 군사 개입의 필요 혹은 성전환 권리 같은—많은 중요한 쟁점에 관해 민주적 토론들과 결정들은 그런 움직임들과 더불어 그저 바뀔 뿐이다. 민주주의는 어떤 종류의 사회에든 적합한 체제다.

자유 민주 국가들의 관용, 개방성, 다양성 그리고 다협 재주로, 그것들은 전쟁과 자연재해 같은 주요 위협들과 격변들에 직면할 때 독재 정권들보다 훨씬 더 약하고 덜 집중적인 것 같을지 모른다. 그러나 바로 이 특질들은 또한—파시스트 및 기타 독재 지도자들이 과거에 발견했듯이—그것들에 놀랄 만한 탄력과 힘을 준다.

우리의 가치들에 대한 언급

많은 논평자가 자유 민주주의에서 보는 또 하나의 편익은 그것이 개인들의 정치적 평등 같은 중요한 인간 가치들을 포용하고 소중히 한다는 점이다. 그들이 소득이나 부같이 다른 면들에서 얼마나 많이 다를지 몰라도, 모든 국민은 선거 과정에 참여할 수 있다. 그들은 차별이나 억압의 두려움 없이 자유롭게 투표자, 당원, 후보 혹은 선거 운동가가 될 수 있다. 그들이 부유하건 가난하건, 숙련되었건 숙련되지 않았건, 도시에 살건 시골에 살건, 집안이 좋건 나쁘건, 혹은 그들의 인종이나 종교나 피부색이나 계급이나 가족이나 정치 견해가 무엇이건, 정치적으로, 그들의 견해들은 똑같이 가치가 있다.

다른 관찰자들은 민주주의가 사회에의 참여를 장려할지 모른다는—혹은 최소한도, 정부에 있는 어떤 사람이 그를 자격이 없다거나, 받을 가치가 없다거나, 분열적이라거나, 반역의 염려가 있다고 믿는다고 해서 그것이 누구도 정치에 참여하는 것을 배척하지 않는다는—사실을 칭찬한다. 또한 민주 국가에서 주민은 통치하는 것이 적합하다고 여겨지는 사람들과 오직 통치되는 것만이 적합하다고 여겨지는 사람들로 분리되지도—다른 정체(政體)들에서는 현저하게 흔한 편견—않는다. 자유 민주주의하에서는, 모든 사람은 자유롭게 적극적인 국민이 되고 공직에 출마할 수 있으며, 넓은 국민 대중은 어느 쪽들이 그것[공직]에 최상인지 결정한다.

사회 문제에의 이런 광범위한 참여는 또한 국민의 지적, 도덕적 그리고 정치적 발전도 촉진한다고, 그것의 지지자들은 말한다. 그것은 사람들에게 정치적 및 도덕적 선택들, 그리고 어느 정책 조치들이 그것들을 가장 잘 해결할지 생각하고 토론할 기회뿐만 아니라 유인도 준다.

정직한 정책의 촉진

자유 민주주의는 우리가 우리에게 지워지는 지도자들의 권력 치하에서보다—적어도 어느 정도—우리 자신이 선택하는 정부들과 법률들

치하에 산다는 점을 의미한다. 이것은 사회에서 강압의 사용을 줄이고 사람들에게 독재적 정부 결정들을 받아들이도록 강제할 필요를 줄인다. 그것은, 더욱 합의에 의하고 평화로운, 정치 변화 방식이다.

자유 민주주의의 일부인 공정하고 자유로운 선거들과 개방적인 정부는 또한 공직에 출마하거나 선출되는 사람들 사이에 책임성과 투명성을 촉진하기도 한다. 정치인들이 선거들에서 대중의 승인을 얻으려고 경쟁함에 따라, 그들의 기록, 능력 그리고 인격은 모두 면밀한 조사를 받는다. 혹은 미국인 H. L. 멩켄(H. L. Mencken) (1956)이 장난꾸러기같이 표현했듯이, '민주주의하에서는 한 정당은 자기의 주된 정력을 상대 정당이 통치하기 적합하지 않다는 점을 증명하려고 하는 데 바친다—그리고 양쪽 다 흔히 성공하고 옳다.' 그러나 정당들 사이의 스파링(sparring)에 덧붙여서, 후보들은 선거인들에 의해 면밀하게 조사될 것이다. 그들의 단점들은 쉽게 다른 후보들에 의해 지적될 것이다. 그들은 매체와 사회적 매체에 의한 면밀한 조사에 직면할 것이다. 그리고 이익 집단들은 그들의 정책 자세들에 관해 그들과 논쟁할 것이다.

부정직도 역시 처벌된다. 만약 국민이 자기들이 선출한 사람들이 부패하거나, 부적합하거나, 잘못된 결정을 했다고 믿게 된다면, 그들은—다음 선거에서나, 어떤 나라들에서는, 소환 청원으로— 그들을 투표하여 쫓아낼 수 있다. 대조적으로, 독재 체제들에서는 나쁜 지도자들은 쉽게 쫓아낼 수 없다. 그리고 권력자들은 종종 권력을, 그리고 또한 자기들의 정책들도, 고수할 것인데, 설사 그것들이 실패하고 있다고 할지라도 그렇다.

비판과 진보

자유 민주주의의 주요 원칙 중 하나인 관용은 한 나라의 지도력에 대한 공개적인 비판—어떤 독재 정권들하에서는 항상 현명하지도 심지어 가능하지조차도 않은 어떤 것—을 허용한다. 비판에서 면제되어, 독재자들은 추문들을 뭉개어 버릴 수 있고 자기들의 실수들이 은폐되거나 무시되도록 확실하게 할 수 있다. 의회들이란 그저 잡담 장소(talking shops)일 뿐이라고 종종 이야기되지만, 그러한 공개 토론회에서 자유롭게 이야기할 수 있다는 것은 지도자들과 그들의 생각들을 질문에 노출하는 데 결정적이다. 그렇다면 공개 토론회는 투표자들이 자기들의 지도자들을 다음 선거에서 책임을 물을 때 그들에게 영향을 미친다.

그것은 또한 인간 진보의 중요한 요인이기도 하다. 만약 새로운 공공 정책 제안들이—그리고 참으로 어떠한 주제에 관한 어떠한 생각들도—공개 토론에서 시험 될 수 있는데, 거기서 사람들은 그것들의 강점들과 약점들을 지적할 수 있다. 그것은 잠재적으로 훌륭한 생각들이 개선될 수 있게 하고 더 설득력이 없는 것들이, 그것들이 해를 끼치기 전에, 수정되거나 포기될 수 있게 한다. '군중의 지혜(wisdom of crowds)'를 이용함으로써, 민주주의는 당국의 결정들이 공개 토론에서 도전받지 않고 시험 되지 않는 체제들보다 더 나은 정책 결정을 할 수 있다.

개인 권리들의 보호

브루스 부에노 드 메스키타(Bruce Bueno de Mesquita)와 그의 동료들 (2003)은 질 높은 민주적 제도들을 가진 나라들이 인간 권리들을 지키는 면에서 점수가 좋다는 점을 발견했다. 민주주의가 자동으로 이런 편익들을 발생시킨다는 점이 아닐지 모른다. 권리들을 가장 소중히 여기는 나라들이 민주주의가 그것들을 가장 잘 지킨다고 믿는다는 점일지 모른다. 어느 쪽이든, 민주 국가들은 보통은 생명, 자유, 재산 소유권, 자유로운 결사, 자유 언론, 그리고 정치 과정에의 평등한 참여 같은 권리들에 대해 가장 강력하게 보호한다.

비록 민주주의 체제들과 권리들의 존중이 보통 같이 갈지라도, 다수파의 의지와 개인들의 권리들 사이에 긴장이 남아 있다. 다수파는, 그리고 그들이 선출한 정치인들은, 사람들의 권리들을 억제할 타당한 이유가 있다고 믿을지 모른다. 예를 들면, 그들은 대중을 테러리즘의 위협에서 구하기 위해 경찰과 보안 당국이 개인들을 체포 및 장기간 감금하고, 무작위 거리 및 가택 수색을 하며, 급진적인 정치적 견해들의 출판을 막을 권한이 주어져야 한다고 결정할지 모른다. 혹은 팬데믹(pandemic; 세계적 유행병)을 물리치기 위해, 그들은 사업체들을 폐쇄하고 사람들을 자택에 가두기로 결정할지 모른다. 불행하게도, 국민의 생명, 재산 그리고 안전을 정당하게 보호하는 것과 민주 정부의 명목으로 국민을 불법적으로 억압하는 것 사이에 명백한 경계가 없다. 그러므로 권리들을 억제하는 모든 그러한 제안은 자세히 조사되고 가장 세심하게 주의하여 평가되어야 한다.

평화와 번영

민주 국가들은 서로에게 무기를 들지 않는다고 종종 이야기된다. 이것이 전적으로 진실인 것은 아니다. 때때로 그들은 그렇게 했다. 그렇지만 민주주의 체제들이 다른 정부 유형들보다 더 평화롭게 공존할지 모를 많은 이유가 있다. 선거인들은 일반적으로 군사 독재자들이 그런 것보다 무장 갈등에 덜 열광적이다. 그들은, 결국, 잃을 것이 많고, 민주 정부는 그들의 생명, 안전 그리고 재산을 그저 무시할 수만은 없다.

아마, 자유 민주 국가들은 또한 더 번영하기도 할 것이다. 훌륭한 정부와 번영은 지난 두 세기 동안 앞뒤로 나란히 갔다. 그러나 민주주의가 더 많은 번영을 *일으키는지*는 덜 명백하다. 영국을 포함해서, 많은 나라는 그들이 보통 선거권을 가지거나 자기들의 선거들을 공정하고 정직하게 하기 한참 전에 부유해졌다. 그래서 그들의 부를 발생시킨 것은 민주주의였을 리가 없다. 만약 번영을 촉진하는 단일의 요인이 있다면, 그것은 아마 민주주의가 아니라, 사람들이 자기들 자신이 선택하는 조건들에서 일하고, 생산하며, 거래할 수 있게 하는 것과 같은, *개인 권리들의 존중*일 것이다. 그러나 그때 민주 국가들은 그런 권리들을 더 존중할 것 같다.

비록 민주주의가 놀랄 정도로 강건하다고 할지라도, 그것은 자유와 번영의 이 자유주의 엔진을 멎게 할 잠재력도 가지고 있다. 투표소에서 득표 차를 가지고 있다는 도덕적 힘은 정부들에 부 창출자들을 착취할 자신을 줄지 모른다. 그것은 그저 기업심의 보상을 줄이고 발명, 투자 그리고 힘든 일을 억제하면서, 태만과 소비를 조장할 뿐이다. 이것은 전혀 번영의 비법이 아니다.

결론

자유 민주주의는 적어도 몇몇 다른 체제에 비해 실제적인 편익들—특히 그것이 변화에 적응하고 지도자들과 정책들을 평화적으로 대체할 능력—을 가지고 있을지 모른다. 그것은 더 나은 정책 형성을 촉진하고, 개인 권리들을 보호하며, 번영을 돕고, 평화를 장려할지 모른다. 그러나 이런 편익들이라고 생각되는 것의 다수는 가정될지 모르는 것보다 덜 명백하다. 그리고 민주주의는 자기의 비판자들이 없지 않다.

7 민주주의의 비판들

민주주의는 자기의 편익들을 가지고 있을지 모르지만, 그것은 또한 자기의 비용들도 가지고 있다. 그것은 많은 문제를 해결하지만, 그것은 다른 것들을 일으킨다. 비판자들은 민주주의가 바르게 하기는 어렵고 그르게 하기는 쉽다고 주장한다. 그것의 성취 기록은 완전하지 않다. 대중 영합주의(populist) 정당들의 융성은 많은 유권자가 민주주의가 자기들에게 불충분하게 봉사하고 있다고 생각한다는 증거일지 모른다. 그것은 연고주의, 관료제, 과도한 정부, 착취, 투표자들(과 단지 단기간만 재직할지 모르는 정치인들)의 근시안성, 그리고 개인 권리들의 침식에 취약하다. 그것은, 실제에서나 심지어 원칙에서조차도, 정말 자기의 비용 청구액에 부응하는가?

선거인들은 그 일을 감당할 수 없다

원칙에 관한 하나의 쟁점은 유권자가, 능히 중요한 결정들을 할 것으로 생각할 수 있는 어떤 체제든 건설할, 믿을 수 있는 기초가 되는가 하는 점이다. 조짐은 좋지 않으니, 선거인들은 정치적 쟁점들에 관해 그리 정보를 갖고 있지 못하다. 그것은 자기들의 단일 표가 선거의 결과를 결정할 가능성이 거의 없다는 점을 그들이 알기 때문일지 모른다. 그것은 수백만 표 중 한 표일 수 있다. 그래서 당신의 표가 거의 혹은 전혀 차이를 가져오지 못할 때 정책 결정들에 관해 알도록 애쓰는 것은 의미가 없다.

근본 원인이 무엇이건, 투표자 무지의 심도(深度)는 놀랍다. ≪합리적 투표자에 대한 미신(The Myth of the Rational Voter)≫에서 미국 경제학자 브라이언 캐플런(Bryan Caplan) (2007)에 따르면,

> 미국인들의 약 반은 각 주가 두 명의 상원 의원을 가지고 있다는 점을 모르고, 4분의 3은 그들의 임기의 길이를 모른다. 약 70%는 어느 당이 하원을 통제하는지, 그리고 60%는 어느 당이 상원을 통제하는지 말할 수 없다. 반 이상은 자기들의 하원 의원의 이름을 말할 수 없고, 40%는 자기들의 상원 의원의 어느 한쪽의 이름도 말할 수 없다. ... 게다가, 이 낮은 지식수준들은 여론 조사가 시작된 이래 안정적이었고, 국제 비교들은 미국인들의 전반적인 정치 지식이 단지 온건하게만 평균 미만임을 드러낸다.

그리고 그들은 항상 자기들의 표들을 민주주의 이론가들이 생각하듯이—즉, 자기들이 선호하는 후보를 선택하는 데—사용하지도 않는다. 오히려, 그들은 다른, 때때로 급진적인 후보들에 투표할지도 모르는데, 그저 자기들의 정부에 불만의 메시지를 보내기 위해서만이거나, 심지어 자기들이 깊이 신봉하지만, 무지하거나 편향되거나 편견이 있는 의견들을 표명하기 위해서조차도 그렇게 한다. (20세기 미국 정치인이자 외교관인 아들라이 스티븐슨 2세(Adlai Stevenson II)가, 그가 미국의 모든 사려 있는 사람의 표들을 얻을 것이라는, 한 지지자의 말을 들었을 때, 그는 '그 말을 들으니 기쁘군요. 그러나 나는 다수가 필요합니다!'라고 응답했다고 한다.)

선거인들이 합리적으로보다 본능적으로 투표하는 이런 경향은 그

다음에는 후보들에게 이런 편견들을 구하도록 자극한다. 인기와 표를 추구하여, 공직 후보들은 (그리고 선출된 정치인들도) 숙고되고 합리적인 주장들보다 슬로건들(slogans)과 인상적인 한 마디들(soundbites)을 사용한다. 이 모든 것은 증거와 이성보다 고집과 무지에 따라 움직이는 선거 결과와 공공 정책을 낳는다고, 민주주의 비판자들은 말한다.

후보들과 선출된 정치인들은 또한 로비스트들의 기득 이익들에 굴복하기도 하는데, 이들은 크고 헌신적인 투표 블록들을 모을 수 있고 그들은[후보들과 정치인들은]—선거들에서, 매체 선거 운동들에서 그리고 때때로 재정적으로—이들의 지원에 의지한다.

로비 활동으로부터 잠재적 보상은 매우 클 수 있다. 당신의 부문을 위한 세금 감면을 얻는 데나, 당신의 경쟁자들을 배제하는 규제를 부과하는 데나, 큰 정부 계약을 따내는 데 성공하라, 그러면 그것은 당신의 사업이나 당신의 대의(大義)에 엄청난 차이를 낳을 수 있다. 참으로, 잠재적 보상이 매우 커서—워싱턴 DC 주위 하이웨이들의 '순환 도로(Beltway)' 안에서나 런던의 웨스트민스터 지역인 '빌리지(Village)'에서의 그것과 같이—민주 정부 중심지들은 변함없이 로비 회사들과 기업 공무 사무실들이 빽빽하게 들어서 있다.

그러나 로비 활동에는 시간, 노력 그리고 돈이 든다. (한 워싱턴 싱크 탱크는 재정적 비용만 매년 약 35억 달러로 평가한다.) 그러므로 로비 활동에 종사하는 사람들은 일반적으로 공공 정책을 바꾸는 데 어떤 강한 집단 혹은 개인 이익을 가지고 있거나 당국에 의한 특혜나 대우를 추구하고 있는 사람들이다. 그들의 이익들은 더 넓은 대중의 이익들과 매우 다를지 모른다(그리고 종종 매우 다르다). 이 모든 것은 로비 활동을, 전 주민이 지켜야 할 정책 결정들에 영향을 미치는, 매우 비용이 많이 들고, 편향되어 있으며, 대표적이지 않고, 불합리한 방식으로 만든다. 그러나 이것은 민주주의 자체에 고유하다고, 비판자들은 말한다.

> 어떠한 새로운 법률이나 규정의 제안도 ,,, 항상 아주 조심스럽게 경청해야 하고, 가장 양심적일 뿐만 아니라 가장 의심하기도 하는 관심을 가지고 오래 그리고 면밀하게 검토한 연후가 아니면 결코 채택되어서는 안 된다. 그것은 그 이익이 대중의 이익과 전혀 똑같지 않은 사람들, 일반적으로 대중을 속이고 심지어 억압하는 데도 이익을 가지고 있는 사람들, 그리고 따라서 많은 경우 대중을 속이기도 했고 억압하기도 했던 사람들의 주문으로부터 생긴다.
>
> —애덤 스미스(1776), ≪국부론≫, 권 I, 제11장

그것은 비효율적인 결정들을 한다 ...

민주 국가들은 어렵거나, 논쟁적이거나, 긴급한 결정들을 하는 데 서투른 것으로 널리 여겨진다. 대중과 정치인들 양쪽 다에서, 아주 많은 서로 다른 견해가 작용하고 있으므로, 합의에 도달하는 것이 어렵고 선택지들을 빨리 처리하는 것이 불가능할 수 있다. 빠른 대응을 요구하는 국가 비상사태들은 긴 의회 토론을 할 최상의 시기가 아니다. 서로 다른 입법원 사이에서나 입법부, 행정부 그리고 사법부 사이에서 권한들이 나누어져 있을 때, 어느 정책에 합의하는 것이 더욱더 오래 걸릴 수 있다.

게다가, 쟁점들이 대단히 논쟁적일 때는, 설사 그것들이 급하지는 않다고 할지라도, 조정될 필요가 있는 견해들의 수는 길고 복잡한 의

회 및 대중 토론들에 이를 수 있다. 전 영국 총리 클레먼트 애틀리 (Clement Attlee) (1957)가 의미심장하게 표현했듯이, '민주주의는 토론에 의한 정체를 의미하지만, 그것은 사람들이 말하는 것을 당신이 중지할 수 있는 경우에만 효과적이다.' 그리고 의견이 균등하게 나누어질 때나, 많은 서로 다른 가능한 선택지가 있을 때, 그 과정은 심지어 교착 상태를 낳을지도 모른다. 종종 문제들은 증거와 이성에 근거해서라기보다는 오직 '빈틈없는 흥정(horse trading)'—서로 다른 집단의 지지를 얻기 위해 그들에게 여러, 종종 무관계한 양보를 하는 것—에 의해서만 해결될 수 있다.

... 그리고 나쁜 결정들을

민주적으로 선출된 대의 정부들이 나쁜 결정들을 할지도 모르는 많은 다른 이유가 있다. 국가 권력은 다수파가 다른 사람들을 착취하는 것—특히 그들에게 세금을 부과하거나 그들의 재산을 몰수하는 면에서—을 쉽게 한다. 그리고 다수파 결정들이 국가의 권력과 소위 '민주적 (democratic)'이라는 정당성의 뒷받침을 받을 때, 이 착취가 얼마나 멀리 갈지에 명백한 한계가 없다. 최악의 경우, 그것은 합법화된 도둑질이다. 잘해야, 높은 세금과 몰수의 위협은 사람들이 열심히 일하고 생산적인 자본과 부를 쌓아 올리는 것을 억제한다. 그것은 또한 비효율적이기도 하다. 자기 자신의 소득을 쓰는 사람들은 납세자들에게서 힘으로 빼앗은 돈을 쓰는 정치인들보다 아마도 그 소득을 더 조심스럽게 그리고 비용-효과적으로 쓸 것이라고, 비판자들은 말한다.

더욱 나쁘게, 투표자들의 편견에 호소함으로써, 정치인들은 명백히

해로운 결정들을 종종 한다. 예를 들면, 거의 모든 경제학자는 자유무역의 장점에 의견을 같이한다. 그러나 정치인들은, 대외 경쟁에 관해 생산자들과 대중의 우려에 영합하여, 대신 수입 할당과 관세 같은 보호주의 정책들에 흔히 찬성한다. 그들에게는, '외국인들이 우리의 일자리들을 빼앗고 있다,'고 불평하는 투표자들의 즉각적인 위협이 무역 자유화가 약속하는 더 멀고 분산된 번영보다 더 중요하다.

그것은 단기 초점을 가지고 있다

나쁜 의사 결정은 선출된 지도자들의 경력이 짧다는 사실로 조장된다. 그들이 인기 있는 정책들에 대해 단기 칭찬을 누리지만, 그들은 이 정책들이 일으키는 어떤 장기 손해에 대해서도 책임을 질 만큼 충분히 오래 여전히 재직하는 일이 좀처럼 없다. 그러므로 그들이 자기들의 지출을 증대하기 위해 더 많은 화폐를 빌리거나 발행하고, 자기들의 후임자들에게 그 결과로 나타나는 공채나 인플레이션을 처리하게 맡기는 것이 정치적으로 타당하다.

더 합리적인 정부 체제는—사랑받고 싶은 정치인들의 단기 욕망에 따라 움직이는 정책들이 아니라—자기 국민의 장기 번영을 목표로 삼고 창출하는 정책들을 낳을 것이라고, 비판자들은 말한다. 합리적인 체제는 그저 다수파의 시기심이나 다른 사람들을 희생시키고 무료 편익을 얻고 싶은 다수파의 욕망을 만족시키기만을 위해서 생산적인 사람들이 세금이 매겨지고 착취되도록 허용하지 않을 것이다. 그러나 엄격한 한계가 부과되지 않으면, '민주' 체제들은 바로 그런 것을 한다. 미래를 위해 투자를 쌓아 올리는 것을 돕는 대신에, 그들은 오늘의 소비를 위해 자본을 훔치고 쓴다. 불가피하게, 이것은 전 사회의 장기 번영에 손해를 입힌다.

그리고 거의 모든 사람이 투표자로서 이 과정에 참가하므로, 그들은 그것이 '그들의' 정부이고 그것의 결정들이 '그들의' 결정들이라고 이야기 듣는다. 그러한 말은 다수파가 소수파를 괴롭히고 빼앗는 것이 정상적이고, 정당성이 있으며, 더는—만약 어떤 다른 집단이 그것을 하면 그럴 것 같이—비정상적이지 않다고 암시한다.

그것은 국가 권력에 의지한다

선출된 정부의 결정들이 아무리 나쁠지 몰라도, 당신은 그것들에서 달아날 수 없다. 다수파 결정들은, 벌금, 투옥, 면허와 사업 허가의 취소, 그리고 많은 다른 제재의 위협을 통하여, 심지어 그것들에 동의하지 않는 사람들에게조차도 부과된다. 또한 어떠한 도망갈 길도 없다. 보통 국민은, 자기들을 착취하는 정부를 포함하여, 어떤 사람에게도 강압을 사용할 권리가 인정되지 않는다.

민주적 의사 결정이 '무임승차자(free rider)' 문제를 해결하는 것을 돕는다는 점은 진실이다. 모든 사람이 방위와 치안 같은 공공 서비스들로부터 편익을 얻고, 그래서 모든 사람에게 자기의 비용을 기부하도록 요구하는 것은 공정한 것 같다. 문제는, 일단 우리가 국가가 국민의 돈을 빼앗을 수 있다는 원칙을 인정하면, 논리적인 정차(停車) 지점이 없다는 점이다.

비슷하게, 정부가 비상사태 때에 개인 권리와 시민 권리를 억제할—예를 들어, 테러리즘을 계획하는 것으로 의심되는 사람들을 염탐하거나 심지어 구금할—수 있어야 한다는 점도 또한 이치에 맞는 것으로 생각될지 모른다. 그러나 국가에 '비상사태(emergency)' 권한들이 주어질 때, 마찬가지로 그것들의 사용에 명백한 경계가 없다고, 비판자들은 말한다. 그리고 F. A. 하이에크(F. A. Hayek) (1979)가 언급했듯이, '비상사태들은 항상 개인의 자유의 보호 장치들이 서서히 파괴되었던 구실이었다. ...'

예를 들면, 2007-8년 금융위기 때문에 서양 정부들은 은행들을 넘겨받고 다른 금융업들에 무거운 규제를 부과하게 되었다. 단지 10여 년 뒤에, Covid-19(코로나바이러스 감염증-19) 팬데믹(세계적 유행병) 동안, 심지어 자유 민주 국가 중 가장 자유주의적인 정부들조차도 (사람들을 집에 가두는 것을 포함하여) 사람들의 이동들에 놀랄 만한 제한을 부과하였을 뿐만 아니라, (체육관, 스포츠 행사, 미상원 그리고 식당 같은) 사업들을 폐쇄하고, '필수적이지 않은(non-essential)' 재화들의 판매를 금지하며, 국가 부문을 엄청나게 확대하기도 했다. 2020년 초기에는, 많은 사람은 바이러스를 통제하기 위해 그러한 제한들을 자발적으로 기꺼이 받아들였다. 그러나 그 해가 지나고 제한들이 계속(되거나 심지어 심화)됨에 따라, 그것들에 대한 대중 분개가 일어났다. 그때 정치인들은, 자기들이 이제 '경찰국가(police state)'에 살고 있다고 불평하는, 상당히 많은 반항적인 국민에게 통제를 부과하는 데 자신들이 국가 권한들을 사용하고 있었다.

만약 개인의 권리들이 세계에서 가장 자유주의적인 민주 국가들에서 그렇게 쉽게 중지될 수 있다면, 우리는 선거 다수파가 우리의 정치 지도자들에게 부여하는 권한들을 조심하는 것이 옳다고, 비판자들은 주장한다. 우리가 그들에게 부여하는 무슨 권한이든—의도적으로나 부지중에—또한 우리에게 거슬러서 사용될 수도 있다. 정치인들은 권리들에 대한 강력한 보호책들의 필수적인 장기 중요성을 이해하지 못할지 모르고, 자기들이 그것들을 위반하고 있다는 점을 심지어 깨닫지조차도 못할지 모른다. 그리고 설사 그들이 정말 깨닫는다고 할지라도, 그들은 여전히 자기들 자신의 권한을 극대화할 강력한 단기 유인들에 직면한다.

그런 것 전부에도 불구하고, 우리가 보았듯이, 민주 국가들은 현저하게 안정적인 것으로 드러났다. 정부에서 자유주의 가치들이 널리 보급되었던 역사적 시대들은 아마 틀림없이—경제적으로뿐만 아니라 과학, 기술, 예술, 교육, 문학, 기타 등등에서도—문명이 가장 빠르게 향상했던 시대들일 것이다. 누구도 그러한 진보를 기꺼이 희생하지 않을 것이다. 주된 우려는 우리가 실수로 그것을 서서히 무너뜨린다는 점이다.

그것은 지나치게 큰 정부를 촉진한다

민주주의의 지지자들은 그것이 정치적으로 중립적이라고—작은 정부를 지지하는 주민들에 대해서도, 더 많은 사회적 및 경제적 개입을 지지하는 사람들에 대해서도, 똑같이 잘 작동한다고—믿는다. 그러나 다시, 민주주의는 특별히 *집합적*(collective) 의사 결정을 위해 설계된다—폴란드 이론가 로자 룩셈부르크(Rosa Luxemburg) (1899)가 솔직하게, '민주주의는 사회주의에 불가결하다,'고 썼을 때 그녀와 같은 마르크스주의자들에게 효과가 없는 것이 아니었던 점.

비록 자유주의자들이 정부의 범위를 제한하려고 할지라도, 정확하게 어느 결정들이 집합적으로 행해져야 하고 어느 것들이 개인들에게 맡겨져야 할지 결정하는 객관적인 방식이 남아 있지 않다. 그리고 실제로, 민주주의는 전혀 정치적으로 중립적인 것 같지 않다. 1900년대 초기에, 민주 정부들은 국민 소득의 10퍼센트 이상을 좀체 차지하지 않았다. 2000년대 초기까지는, —이제 집합적으로 행해지고 더는 개인들에 의해 행해지지 않는 결정들의 양을 반영하여—40-50퍼센트가 아주 보통이게 되었다.

20세기 동안, 집합적 제공이—복지에서 보건 의료, 주택, 교육, 보험, 운송, 공익사업, 제조업, 기타 등등에 이르기까지—방대한 생활 영역을 지배하게 되었다. 아마도 그러한 확대는, 특히 여자들에 대한, 참정권의 확대로 정당성이 주어졌을 것이다. 그리고 두 세계 대전의 결과로 정부 예산들이 확대됨에 따라, 더욱더 많은 이익 집단이 국가로부터 더욱더 많은 특혜를 추구하였—는데, 정치인들이, 자기들의 표 추구로, 그것들을 교부하였—다.

바로 그 힘들이 오늘날에도 지속된다. 정치인들의 득표 동기는, 그리고 과반수 투표의 소위 지혜와 정당성은, 심지어 '리버럴(liberal),' '보수(conservative)' 혹은 '자유 시장(free market)' 정당들조차도 부추겨 집합적 의사 결정을 더욱더 많은 영역의 경제, 사회 그리고 개인 생활 속으로 더욱더 깊이 확대하게 한다. 정치인들은 또한 건전한 재정 관리를 재촉하기보다, 종종 빌린 돈으로, 크고 인상적이지만 종종 비용이 많이 들고 낭비적인 공공사업들을 촉진함으로써 관심과 돈을 잡으려고 겨루기도 한다. 미국 작가 고어 바이댈(Gore Vidal)이 ≪아마겟돈(Armageddon)≫ (1987)에서 표현했듯이, '우리의 민주주의 형태는, 최고의 등급에서, 매수이다.' 그리고 이 모든 것은 대부분 사람이 진정으로 원하는 것보다 더 큰 정부를 낳을 수 있다.

그것은 보이지 않는 비용을 가지고 있다

민주주의 체제들의 편익들이 쉽게 인식되지만, 그것들의 재정적, 사회적 그리고 도덕적 비용들은 종종 간과된다. 사회적 조화를 장려하기는커녕, 민주주의는 나쁜 행동을 조장—하여, 정당들이 관심과 패권을 얻으려고 폭력단들같이 싸우고, 정치인들이 국가의 장기(長期) 건강보다 다음 선거에 집중하며, 로비 집단들이 다른 사람들을 희생시키고 특별 대우를 얻는 데 냉소적으로 체제를 사용—한다고, 비판자들은 말한다.

그래서, 민주주의가 지난 세기 동안 우리에게 더 크고, 더 비용이 많이 들며, 더 중앙 집권적인 정부를 주었던 것이 놀랄 일이 아니라고, 비판자들은 계속한다. 정치인들, 기업들 그리고 기타 이익 집단들은 모두 국가 부문을 확대하고 그것에서 더 많은 권력이나 특혜를 짜내는 데 관심이 있다. 서로 다른 집단이 자신들에게 더 많은 편익을 주기로 가결하고 저항할 권력이 없는, 미래 세대를 포함한, 다른 사람들에게 비용을 전가함에 따라, 세금과 부채는 언제나 위로 천천히 나아간다.

> 민주 국가는 많은 선거가 큰 비용에, 쟁점 없이, 그리고 서로 바꿀 수 있는 후보들을 가지고 개최되는 곳이다.
>
> —고어 바이댈(1991),
> ≪다이너스 클럽의 견해(A View from the Diner's Club)≫

이 힘들을 무력화(無力化)시키거나 그것들을 통제하는 정치 계급을 대체하기는 쉽지 않다. 경제학자들이 말하듯이, 정치는 *높은 진입 장벽들*(high entry barriers)을 가지고 있다. 즉 더 신생이고 더 작은 정당들이 정부에 침입하기가, 특히 '최다 득표자 선출' 투표 제도들에서는, 어렵다. 그래서 지배적인 연고주의에 대한 중대한 도전이 좀체 없다. 그러나 대중 영합주의 운동들(populist movements)의 융성은 이것이 바뀌고 있음을 암시할지 모른다.

8 지나치게 팔리는 민주주의?

‘민주주의(democracy)’는 평화, 번영, 공정 그리고 자유를 가져오는 자(者)로서 거의 신화적인 지위에 도달했다. 그것은 지도자들이 그 단어를 자기들 자신의 정부들에다가, 설사 실제로 그것들이 독재 정부라 할지라도, 그렇게 적용하고 싶어 하는 이유이다. 그것은 또한 자유 민주 국가들에 사는 사람들이 종종 민주주의의 능력들을 과대평가하는 이유이기도 하다. 우리는 과장된 이야기들을 검토하여 현실이 얼마나 자격이 있는지 알 필요가 있다.

민주주의는 최상의 체제다

민주주의가 최상의—혹은, 어쨌든, 가장 덜 나쁜—정치 체제라고 종종 이야기된다. 불행하게도, 우리는 그것을 확실히 알기 위해 모든 다른 상상할 수 있는 체제를 시험해 볼 필요가 있을 것이다. 그리고 심지어 그때조차도, 우리가 정치 체제를 무슨 기준들로 판단해야 하는가? 민주주의가, 예를 들면, 국민을 공무에 참여하게 하는 데 능하지만, 그것은 위기들 동안에는 느리고 우유부단할 수 있다. 그것이 부패할 수 있지만, 그것은 인간 복지, 번영 그리고 자유를 촉진하는 면에서 대부분보다 더 나은 것 같다. 참으로, 미국 경제학자들 로버트 로슨(Robert Lawson), 라이언 머피(Ryan Murphy) 그리고 벤저민 파월

(Benjamin Powell) (2020)에 의한 조사는 민주주의가 경제적 자유와 강하게 관련되어 있다는 점을 발견했다. 그러나 그것이 전반적으로 '최상의' 체제로 판단되어야 할지는 개인적 판단의 문제로 남아 있다.

> 누구도 민주주의가 완전하다거나 아주 현명하다는 체하지 않는다. 참으로, 때때로 시험해 보았던 모든 다른 형태를 제외하면 민주주의가 최악의 정부 형태라고 이야기되었다.
>
> —윈스턴 처칠 경 (1947),
>
> ≪영국 국회 의사록(Hansard; 핸사드)≫, 11월 11일

그것은 국민에 의한 지배다

민주주의는 종종 '국민에 의한 지배(rule by the people)'라고 불린다. 현대 민주 국가들에서는, 국민은 지배하지 않는다; 그들은 자기들의 지배자들을 선출한다. 그들은 법률들을 결정하지 않는다; 그들의 대표자들이 그것들을 결정한다.

더군다나, '국민'은 단일의 의사 결정자가 아니라, 공무에 관해 서로 다른—그리고 종종 경쟁하는—견해를 가진 수백만의 개인이다. 그들은 공공 정책의 목적들이 무엇이 되어야 할지에 관해 의견이 다를 뿐만 아니라, 그런 목적들을 달성하는 방법들에 관해서도 의견이 다르다. 그들은 '지배하는(rule)' 방법에 관해 의견을 같이할 수 없고 하지도 않는다. 민주주의는 어떤 고상하고 지속적인 합의를 낳지 않는다. 우세하는 것은 어느 집단이든 다른 집단들보다 더 많은 표를 모을 수 있는 집단의 의견이다. 비판자들은 이 과정이 '국민에 의한 지배'가 아니라 폭력단 전투와 더 닮았다고 말한다.

그것은 합의에 따른 통치다

민주주의는 '합의에 따른 통치(government by consent)'라고 이야기된다. 어느 정도는 이것은 진실이다. 그러나 민주주의의 현실은 입법적 결정들이 정치 엘리트들에 의해 행해진다는 점이라고 비판자들은 주장한다. 대중으로부터의 유일한 합의는 보통 여러 해 떨어져 있는 선거들에서 일부러 투표하는 개인들의 다수에 의해 주어지는 불충분한 합의이다.

게다가, 만약 다른 사람들이 당신을 대신해서 결정한다면 당신은 '합의한다(consent)'라고 이야기될 수 없다. 그러나 그것은 민주주의에서 일어나는 것이다. 다수파가 정책을 결정하고, 그밖에 모든 사람이 그것을 받아들이거나 벌금 혹은 투옥 같은 제재들에 직면해야 한다. 설사 당신이 그들에 반대 투표할지라도, 다수파는 여전히 당신의 삶을 지배하고 어떤 독재자와도 똑같이 당신의 지갑을 급습하여 빼앗는다.

그리고 또 투표자들의 소위 '합의'가 심지어 합리적이고 정보에 근거한 것조차도 아니다. 그들이 세세한 쟁점들에 무지한 것만도 아니다. 어떤 투표자도 또한 미래를 예측할 수도 없다. 그래서, 그들은 후보자들이 정확하게 어떻게 일을 할지 예측할 수 없고, 그들의 정책들의 (좋거나 나쁜) 더 넓은 효과들을 예견할 수도 없다. 바꿔 말하면, 그들의 표들은 전혀 합리적 기초가 있지 않다고, 비판자들은 말한다.

브라이언 캐플런(Bryan Caplan) (2007)은 사정이 더욱더 나쁘다고 주장한다. 투표자들은 *체계적으로*(systematically) 편견이 있고 불합리하다. 그들은 사정이 더 나빠지고 있지 않을 때 더 나빠지고 있다고 생각한다. 그들은 일자리를 창출하는 것이 가치를 창출하는 것보다 더 중요하다고 믿는다. 그들은 외국인들에게 편견이 있고 국내 산업들을 보호하는 것을 지지한다. 그리고 그들은, 자기 나라의 올림픽 메달 흥행처럼, 최근의 그러나 무관계한 사건들에 지나치게 좌우된다. 이 모든 편향은 *체계적으로* 불합리하고, 왜곡되어 있으며, 해로운 정책 결정들에 이른다.

모든 사람이 발언권을 가지고 있다

민주주의는 공공 정책에 관해 '모든 사람에게 평등한 발언권을 준다,'고 주장된다. 그러나 '모든 사람'이 투표하도록 허용되지는 않는다. 많은 역사 동안, 심지어 가장 자유주의적인 국가들조차도 재산이 없는 사람들과 인종적 소수파들뿐만 아니라 여자들에게도 투표권을 거부했다. 그리고 투표하지 않기로 *선택하는*(choose) 선거인들—종종 주민의 반 이상—은 결과에 발언권을 전혀 가지고 있지 않다. 그러나 그때, 설사 당신이 정말 투표한다고 할지라도, 큰 나라에서 당신의 표가 선거의 결과를 결정할 가능성은 수천만 (혹은 심지어 수억) 대 1이다.

> 민주주의는 보통 사람들이 자기들이 원하는 것을 알고 그것을 아주 열심히 얻을 자격이 있다는 이론이다.
>
> —H. L. 멩켄(H. L. Mencken) (1915),
> ≪몇 페이지의 비망록(A Few Pages of Notes)≫

그리고 또 사람들의 표들은 평등하게 가치가 있지도 않다. '안전한(safe)' 선거구—같은 정당이 항상 이기는 선거구—에 사는 사람들의 표들은 '한계의(marginal)' 지역에 있는 사람들의 표들보다 훨씬 덜 가치가 있다. 그리고 실제 인구학의 이유로, 어떤 선거구들은 다른 것들보다 훨씬 더 많은 선거인이 있을지 모른다. 그래서 만약 각 선거구가 단지 한 명의 대표자만 선출한다면, 더 작은 선거구들에 사는 사람들의 표들은 훨씬 더 큰 비중을 가진다.

그러나 대표는 또한 정치적인 이유로도 조작될지 모른다. 예를 들어, 초기 소련은, 시골 보수주의를 극복하려는 의도적인 노력으로, 도시 거주자들에게 다섯 배 더 많은 대표를 주었다. 미국 정치인들도 역시 선거구들을 현직 동료들에게 계속 '안전하게' 하여 두기 위해서 기이하게 형체가 이루어진 선거구들을 고안한 긴 역사가 있었다. (1812년에 매사추세츠주 지사 엘브리지 게리(Elbridge Gerry) 아래 고안된, 하나의 그러한 선거구의 지도는 불도마뱀(salamander; 불 속에 산다는 전설의 괴물) 같이 보이게 되었—고 우리에게 '게리맨더(gerrymander)'라는 용어를 주었—다.)

민주주의는 평등을 촉진한다

민주주의 체제들은 종종 개인들의 정치적 (혹은 '시민적(civic)') 평등과 존엄성을 주장한다고 찬양된다. 그러나 다른 체제들도 역시 정치적 평등이 있을지 모른다. 그리고 설사 우리가 사람들이 투표하게 하지 않는다고 할지라도, 우리는 여전히 그들의 존엄성을 존중할 수 있다.

또한 민주적 참여가 자존심과 자기표현을 촉진한다고 주장되기도 한다. 그러나 특별히 이런 목적들을 위해서 투표 제도를 구성하는 것은 이상할 것이다. 우리는 사회를 적대시하는 죄수들에게 그저 그들의 자존심을 높이는 것만을 바라고 투표권을 주기를 원하지 않을지 모른다. 그리고 선거들보다 훨씬 더 나은, 자존심과 자기표현을 촉진하는, 방식들이 있다.

비슷하게, 민주주의는 공정과 평등을 낳고 작은 도당(徒黨)들의 정치 및 사회 지배를 막는다고 이야기된다. 그렇지만 더 잘 사는 집단들이 여전히 불균형의 영향력을 가지고 있다고 믿을 온갖 이유가 있다. 고위 각료들과 정부 관리들은 보통 사람들보다 더 부유한 경향이 있고, 그들의 계급에는 값비싼 초중고등학교들과 대학교들의 졸업자들이 더 많다. 또한, 생각을 명확히 표현할 수 있는 중산층들은 실제로 가난한 사람들보다 연금, 학교 그리고 보건 의료 같은 국가 서비스들에서 이익을 더 많이 얻는 것 같다. 그러나 한편으로는 그들은 정치적 논쟁을 지배하고, 이것은 그들이 자기들에게 유리하게 정치적 결정들을 얻는 데 도움이 된다. 그들의 영향력은, 많은 나라에서, 국가 부문이 그렇게 커진—만약 그것의 유일한 목적이 현금과 서비스를, 실제로 그것들에 의존하는, 비교적 소수의 사람에게 제공하는 것이라면 필요할 것보다 훨씬 더 큰—하나의 이유일지 모른다.

민주주의는 공동체 의식을 제공한다

또 하나의 주장은 민주주의가 '공동체 의식(sense of community)'을 산출하고 '조화(harmony)'를 낳는다는 것이다. 그러나 공동체 혹은 소속 의식은 사람들이 클럽, 자선 단체, 교회, 지원 그룹 그리고 *시민 사회*(civil sciety)의 모든 다른 제도에 참여하는 데서 더 생길 것 같다.

그리고 선출된 대의 정부가 확실히 집합적 결정을 평화적으로 하는데 도움이 되지만, 그것은 거의 조화(調和)를 낳지 않는다. 선거들과 입법적 논쟁들은 서로 다르고 대립하는 이익 집단 사이의 다툼이다. 그것들은 매우 격렬해질 수 있는데, 왜냐하면 승리자들은 자기들의 견해를 패배자들에게 부과할 권력을 가지고 있기 때문이다.

경제 시장들에서는, 사람들은 재화와 서비스를 자신을 위해 선택하지, 다른 사람들을 위해 선택하지 않는다. 서로 다른 사람은 자기들이 좋아하는 무슨 개인적 선택이든—애플이든 안드로이드든, 차든 커피든, 붉은 것이든 푸른 것이든—할 수 있고, 그들의 선택들은 다른 사람들에게 차이를 가져오지 않는다. 그러나 정치적 선택들은 모든 사람에 대해 행해진다. 다수파가 특정 집합의 후보자들에 투표할 때, 모든 사람은 그 결과를 받아들여야 한다. 지배 정당이 한 정책—말하자면, 새 도로나 공항을 건설하는 것—에 관해 결정할 때, 그 과정에서 집과 생계가 부수어질 사람들을 포함해서, 모든 사람은 그것을 받아들여야 한다.

정치적 결정들의 구속력 있는 본질은, 그리고 다수파들이 아주 많은 것에 관해 광범위한 결정을 할 수 있다는 사실은, 다른 사람들의 선택들이 당신 자신의 삶과 복지에 깊은 영향을 끼칠 수 있다는 점을 의미한다. 미국 철학자 제이슨 브레넌(Jason Brennan) (2016)이 ≪민주주의에 반대하여(Against Democracy)≫에서 언급하듯이, 정치는 당신의 이웃들을, 친구보다는, 잠재적 적으로 바꾼다. 이것은 '공동체 의식'과 정반대다.

민주주의는 우리를 나쁜 통치자들로부터 보호한다

대부분의 인간 역사 동안, 우리의 생활은 독재자들—군벌, 군주, 차르, 황제, 추장, 귀족, 영주, 호민관, 임시 독재자, 기타 등등—에 의해 지배되었다. 종종, 이 지배자들은 우리에 대한 생사여탈 권력을 가지고 있었다. 확실히, 민주주의 체제들은 지도자들이 권력을 축적하거나 권력을 사악하게 그리고 자의적으로 사용하는 것을 더 어렵게 할지 모른다. 그러나 정치인들과 관리들도 여전히 자기들 자신의 개인적 이익들—예를 들면, 자기들 자신의 지위와 봉급을 올리거나 자기들의 지지자들에 공금을 유용(流用)하는 것—을 가지고 있다. 민주적 과정은 그들에게 이런 이익들을 충족시킬 권력과 외관상 정당성을 주는데, 설사 그 과정에서 다른 사람들의 이익들이 손해를 입는다고 할지라도 그렇다. 그것은, 우리를 나쁜 지배자들에게서 구하기보다는, 심지어 그들을 끌어들일지 모른다.

그리고 우리를 구하는 데 우리가 항상 민주주의의 사법(司法) 제공에 의지할 수 있는 것도 아니다. 그것은 우리가 우리의 지도자들에 의한 가장 나쁘고 가장 자의적인 행동들을 면하게 해줄지 모른다. 그러나 모든 독점과 같이, 그것은 느리고 값비쌀 수 있다. 그리고 그것이 국가의 일부인 한, 사법은 국가 권한을 통제하는 사람들의 이익들에 봉사하도록 왜곡될 수 있다. 궁극적으로, 우리의 생명, 재산, 표현의 자유 그리고 기타 기본권들의 가장 확실한 보호 장치는 민주주의나 법원들이 아니라, 자유주의 가치들에 관한 일반 대중 인식이다. 우리의 권리들이 생존하려면 그리고 민주주의가 우리 모두에게 그것의 최적 편익들을 산출하려면, 자유주의자들과 민주주의자들이 그런 가치들을 설명하고 대중에 의한 그것들의 일반 인식을 촉진하는 것이 필수적이다. 그리고 우리는 민주적 의사 결정 과정 자체 안에서 존재하는 단층선들(fault lines)을 여전히 예민하게 알고 있어야 한다.

9 민주적 결정들이 이루어지는 방법

19세기 독일 총리 오토 폰 비스마르크(Otto von Bismarck)는 한때, 만약 당신이 법률이나 소시지를 좋아한다면, 당신은 둘 중 어느 쪽도 만들어지는 것을 결코 지켜보아서는 안 된다고 논평했다고 추정된다. 그리고 참으로 민주 국가들이 문제들을 결정하는 방식에 관해서는 역겨울 타당한 이유가 있다. 민주주의는 많은 개인의 의견들을 집합적 결정들의 단일 집합으로 바꾸게 되어 있다. 그러나 우리는 이 과정이 어디에서, 어떻게 그리고 왜 결코 완전하지 못할지 알 필요가 있다.

선거들

예를 들어, 선거들은 후보들이나 정책들 사이에서 선택하는 방법으로서 명백한 한계가 있다. 우선, 그것들은 드물다—때때로 단지 4년, 5년, 혹은 더 많은 해마다 치러진다. (대조적으로, 상업 시장에서는, 우리는 우리가 선호하는 제품들을 어떤 날의 어떤 시각에도 선택할 수 있다.) 선거들이 투표자들에게 제공하는 선택은 또한 매우 제한되어 있기도 하다. 많은 다양하고 복잡한 공공 문제가, 아마 단지 두셋 후보에 의해 제출될, 꾸러미로서 투표자들에게 떠맡겨진다. (다시, 시장은 우리에게, 그저 몇 개의 꾸러미만이 아니라, 방대한 범위의 개별 제품들 사이의 선택을 제공한다.) 그다음에, 다수파의 결정들은 모든 사람에게 부과된다.

또한 '가위, 바위, 보' 역설도 있다. 투표자들은 (보가 바위를 이기는 것처럼) 한 후보를 두 번째 후보보다 더 선호할지 모르고, (바위가 가위를 이기는 것처럼) 그 두 번째 후보를 세 번째 후보보다 더 선호할지 모른다. 그러나 그다음에 그들은 세 번째 후보(가위)를 첫 번째 후보(보)보다 더 선호할지 모른다. 이것 때문에, 투표가 행해지는 순서가 결과에 막대한 차이를 가져올 수 있다. 예를 들어, 첫 투표 회전에서 유력한 후보들이 최종 결승전에 들어가는 프랑스와 기타 나라들에서는, 후보가 첫 회전에서 선두에 서지만 두 번째 회전에서 제공되는 양자택일에서 대패하는 것이 흔하다.

선거인들

선거인들은 전 범위의 서로 다른 동기가 있다. 그들은, 쟁점들이 무엇이건, 한 특정 정당의 평생의 지지자일지 모른다. 그들은 그저 여당을 불편하게 하기를 원하기만 할지 모른다. 혹은 그들은 오로지, 인근 병원의 폐쇄와 같은, 어떤 지방적이거나 개인적인 우려에 근거해서만 투표할지 모른다. 그들은 심지어 자기들이 정말로 원하는 것에 찬성 투표하지조차 않고, 자기들이 싫어하는 후보에, 전략적으로 투표할지도 모르는데, 자기들이 더욱더 싫어하는 다른 후보를 내몰기 위해서다. 혹은 그들은 쟁점들에 관해 완전히 혼란스러워하지만, 여전히 투표할 의무감을 느낄지 모른다. (놀랄 정도로 많은 사람은 자기들이 투표소에 들어가서 자기들 앞에 투표용지를 가질 때까지 마음을 정하지 않는다.)

선거들은 사려 깊고, 많이 알며, 편견이 없는 선거인들이 시사 문제들을 면밀하게 숙고해서 자기들이 장기적으로 나라 전체를 위해 최선이라고 생각하는 것에 투표하는 이상적이고 합리적인 과정이 아니다.

후보들

심지어 가장 공공 정신이 투철한 정치인조차도 공직에 도달해서 하여간 어떤 것을 성취하기 위해서는 표를 모아야 한다. 그러므로 이 '득표 동기(vote motive)'는 그들에게 큰 동인(動因)인데, 이것은 다시 의사 결정 과정을 왜곡한다.

예를 들면, 정치인들은 '중위(median)' 투표자들에 집중하는 경향이 있다. 결국, 양극단보다 정치적 중앙에 훨씬 더 많은 선거인이 있고, 그들은 자기들의 마음을 바꾸도록 양극단에 있는 사람들보다 더 설득될 것 같다. 그러나 후보들과 정당들이 모두 중앙으로 자신들을 던질 때, 그것은 투표자들—특히, 강하지만 비(非)중도주의 견해를 가진 투표자들—에게 진정한 선택을 거부한다.

정치인들은 또한 로비 단체들에 강하게 집중하기도 하는데, 로비 단체들은 자기들의 강한 동기와 조직 때문에 그들에게 많은 표를—특히 로비 단체들이 또 다른 이익 집단들과 협력할 때—모아 줄 수 있다.

입법자들

그러므로 이 과정으로 선택되는 대표자들은 공익의 편견 없는 보호자가 전혀 아니다. 그들은 심지어 자기들이 자리에 앉기도 전에 신용이 손상된다. 그들은 자기들을 지지한 이익 집단들과 자기들에게 자기들의 선거 상표(branding; 브랜딩)를 준 정당 보스들에게 지킬 약속이 있다.

의회에서 그들의 정책들을 통과시키는 것도 역시 원칙 없는 과정이다. 그것은 그들에게 *로그롤링*(logrolling), 즉 '당신이 나의 정책에 찬성 투표하십시오, 그러면 나는 당신의 것에 찬성 투표하겠습니다,'라는 교환에 종사할 것을 요구한다. 예를 들면, 한 대표자는 다른 대표자가 자기의 선거구에서 새 학교나 병원을 짓기로 제안하는 것에 찬성 투표할지 모르는데, 그것의 장점에 대한 어떠한 신념 때문이 아니라, 다른 대표자가 미래에 호의에 보답할 것이라는 기대에서다.

마찬가지로, 더 큰 입법적 발안들은 필요한 지지를 얻도록 일괄되어야 할 필요가 있을지 모른다. 따라서, 1950년대 초기에, 미국 대통령 드와이트 D. 아이젠하워는 자기의 주간 고속도로 계획들을 그것들이 주들의 과반수에 이익이 되도록 설계했다. 자기 자신의 주를 위해 더 나은 도로에 찬성 투표할 때, 상원 의원들과 하원 의원들은, 자기들이 그것을 좋은 아이디어라고 생각하건 상관없이, 자신들이 전망(網; network)에 찬성 투표하고 있었다. 그리고 힘든 미국 은행들에 구제 금융을 주기 위한 2008년 긴급 'TARP(부실 자산 구제 프로그램; troubled assets relief program)' 법안은 국회에 제출되었을 때 단지 두 페이지 길이로 시작되었다. 그러나 그 법안이 그저 통과*되어야*만 한다고 모든 사람이 알고 있었기 때문에, 하원 의원들은 자기들의 지지에 대한 대가로 온갖 종류의 혜택을 요구했다. 그 법안은 결국 451페이지에 달했는데, 직물 생산자들, 증류주 제조업자들, 어선단들, 모터스포츠 복합체들 그리고 심지어 나무 화살 제조업자들에 대해서조차도 세금 우대 조치 같은 이권들로 가득 찼다.

전문적인 정치인들과 타산적인 관료들은 로비스트들과 압력 단체들이 제공하는 유인에 반응하여 가치 없는 정부 활동 증가를 추진한다. 사람들의 기억에 살아 있기로, 법률을 폐지하는 뚜렷한 과정이 언제 있었는가?

—크레이그 스미스(Craig Smith)와 톰 마이어스(Tom Miers) (2011),
≪민주주의와 서양의 몰락(Democracy and the Fall of the West)≫

관리들

이 모든 법률을 실행하는 책임을 진 관리들도 역시 이기심 없는 천사가 아니다. 그들은 대중을 위해 일한다는 것을 자랑할지 모르지만, 그들은 여전히 자기들 자신의 개인적 이익을 가지고 있다. 예를 들어, 만약 그들이 자기들 자신의 기관을 확대할 수 있으면, 그들의 예산, 봉급, 지위, 직업 안전 그리고 승진 가망이 모두 향상될지 모른다.

그리고 그들은 다른 방식으로 자기들 자신의 이익에 이바지할 수 있다. 예를 들면, 법률들은 그것들의 효력이 광범위해서, 종종 규제자와 같은 관리들이 정확한 규칙들이 무엇이어야 하는지 그리고 그런 규칙들이 어떻게 해석되고 집행되어야 하는지 결정할 필요가 있다. 자기들 자신의 정부 영역에서 전문가이므로 (아마도 법률을 통과시키는 정치인들보다 더 그럴 것이므로), 관리들은 법률에 복잡성을 쉽게 보탤 수 있—고 이것은 그다음 그것을 집행할 더 많은 관리가 필요하—다.

그들은 또한 법률들이 어떻게 운용되는지에 대한 많은 재량을 자신들에게 남길 수 있기도 하다. 그다음에 그것은 그들에게 지위와 자만심을 주는데, 왜냐하면 그것은 기업들과 대중이 규칙들에 관한 그들의 해석에 혹은 누가 계약, 교부금 혹은 면허를 얻을지 결정할 그들의 능력에 의존하게 하기 때문이다. 그들은 때때로 심지어 자기들의 결정에 대한 대가로 뇌물이나 혜택을 억지로 끄집어낼 수 있을지도 모른다.

정치적 기식자들

매체, 로비 단체, 싱크 탱크, 그리고 정부 지출에 의존하는 사람들은 모두 집합적 의사 결정 과정을 보존하고 확대하는 데 이해관계가 있다.

예를 들어, 방송인들은 자기들의 부담 큰 24시간 뉴스 주기를 채울 필요가 있다. 그들에게 운 좋게도, 정치인들은 자기들의 견해들을 발표하고 자기들의 정책들을 '장황하게 이야기하고(spin)' 싶어 못 견딘다. 매체도 역시 '특종들(scoops)'을 원한다—그리고 다시, 정부 정치인들은, 어떠한 공식적인 발표에도 앞서 정책들을 '흘림(leaking)'으로써 그들에게 은혜를 베푸는데, 무엇이 일어나고 있는지 자기들의 상대들이 심지어 알기조차도 전에 대중이 진상의 자기들 쪽을 듣게 되도록 하기 위해서다.

싱크 탱크들과 운동 단체들은 자신들을 전문가로 진술하고 편견이 없다고 주장하지만, 그들도 역시 논쟁 중에 자기들 자신의 이익을 언급한다. 운동 단체들은, 어떤 주요 쟁점에 고도로 집중하여, 그것에 대한 더 많은 공공 지출이나 세금 경감을 요구할 것 같은데, 이것이 더욱 일반적으로 납세자들에게 끼치는 영향에 관해 많이 생각하지 않고서다.

마지막으로, 국가에 의존하는 사람들이 있다. 공무원들은 큰 투표 집단인데, 더 작은 정부와 더 적은 관료제에 찬성 투표할 것 같지 않은 투표 집단이다. 그러나 연금 수령자들, 복지 수혜자들, 그리고 정부 기구들에 공급하는 사람들 같은 수백만의 다른 사람이 있다. 몇몇 선진 국가에서는, 자기들 소득의 반 이상을 국가에 의지하는 사람들의 수가 국민의 과반수이다. 그들의 이익은 국가를 확대하는 것이지, 납세자의 돈을 절약하는 것이 아니다.

결론

민주주의는 많은 면에서 다른, 더 독재적인 정부 체제들보다 더 낫지만, 우리는 그것에 관해 눈이 흐릿해져서는 안 된다. 우리가 '민주주의'와 민주적 의사 결정에 관해 이야기할 때, 우리는 실제로 정치와 정치적 의사 결정에 관해 이야기하고 있다. 그리고 대부분 사람이 동의할 것이지만, 정치 과정은 전혀 완전하지 않다.

그러므로 민주주의에서 가장 많은 편익을 얻기 위해서는, 우리는 그것이 실제로 어떻게 작동하는지에 여전히 현실적이어야 한다. 우리는 그것의 단층선들(fault lines)에 주의를 기울여야 하고, 가능한 곳에서는, 그런 결함들(faults)을 교정하거나 완화하도록 노력하여야 한다. 만약 우리가 성공하면, 보상은 상당히 클 수 있다.

10 압박감을 느끼는 민주주의

비록 거의 모든 사람이 민주주의 사상을 좋아한다고 주장할지라도, 많은 사람은 그것의 실제 작동에 관해 훨씬 더 비관적으로 되었다. 그들은 민주주의를 좋아하지만, 정치를 증오한다. 그들은 민주주의를 모든 사람을 참여시키고, 공공 문제들을 공개적으로 토론해서, 합의된 정책들을 숙고되고, 공정하며, 평화롭게 집행하게 되는 공정한 방식으로 본다. 그러나 그들은 정치와 정치인들을 겉과 속이 다르고, 자기만 만족시키며, 자기 이익을 추구한다고 본다. 서로 다른 직업에 대한 대중 신뢰의 여론 조사들에서 정치인들은 변함없이 밑바닥에 혹은 [그것에] 가깝게 있다.

이것이 모두 정치인들 자신들의 잘못은 아니다. 그들이 수백만 사람의 다양한 견해를 모든 사람이 지지할 수 있는 단일 정책으로 바꾸기는 쉽지 않다. 여행과 이주로 많은 주민이 더 다양하게 된 오늘날 그것은 더욱더 어렵다. 정치인들은 또한 설득력 있지만 대립하는 견해를 가지고 있어서, 큰 논쟁들에 이르기도—하여, 그들이 원칙보다 점수 따기에 더 관심이 있다고 대중이 생각하게—한다. 하여간 합의에 도달하려면, 그들은 종종 타협해야—하여, 그들이 더욱더 원칙이 없게 보이도록—한다.

그리고 그것이 민주주의에 고유한 어떤 것이거나 민주 국가들에서 더 나쁜 어떤 것이 아니다. 반대로, 민주주의는 공청회에서 정직과 개방성을 촉진할 수 있다. 상대적으로 자유로운 민주 국가들에서 정치인들은 다른 체제들에서 정치인들보다 일반적으로 더 정직하고 덜 부패할지 모른다. 예를 들면, 베를린에 근거지를 둔 NGO 국제 투명성기구(Transparency International) (2019)에 의해 측정되었을 때, 가장 덜 부패한 것으로 인식된 열다섯 개 나라 중에서, 열네 개가 이코노미스트 인텔리전스 유닛(Economist Intelligence Unit) (2019)에 의해 '완전한 민주 국가(full democracies)'로 평가된다. (예외는 싱가포르인데, 이것은 '결함 있는 민주 국가(flawed democracy)'로 평가된다.)

기성 정치의 거부

바꿔 말하면, 민주 국가들에서 정치인들은 상대적으로 비난할 점이 없을지 모른다. 그러나 민주 국가들에서는, 그들의 행동들은 대중의 눈에 더 보이고 대중 비판에 더 열려 있다. 그다음에 그 점은 그들이 정말 더 비판받는 이유일지 모른다.

많은 나라에서, 정치에 대한 대중 비판은 선거에서 투표율 하락과 소위 (그리고 때때로 극단적인) 대중 영합주의 운동들과 정당들에 대한 지지 증가에 이르렀—는데, 그다음에 후자는 주류 정치인들에 대한 이런 좌절을 기꺼이 이용한—다. 대중 영합주의 지도자들은 자신을 진정한 민주주의자로 여기고, 보통의, 그러나 대표되지 않은, 국민 대중의 이익을 지킨다고 여긴다. 그들은 이민이나 복지 같은 쟁점들의 복잡성을 그럴싸하게 얼버무릴지 모른다—그러나 대중은 하여간 그러한 복잡성에 대해 [조사할] 시간이 별로 없다.

변화하는 세계 상황

경제 위기들도 역시 민주 정치에 대한 대중 환멸에 연료를 공급했다. 자유 민주주의는 보통 경제 성장과 관련되어 있다. 즉 애서모글루(Acemoglu)와 로빈슨(Robinson) (2012)이 발견했듯이, 경제적 성공은 올바른 경제 및 정치 제도들을 가지는 것을 통해 생긴다. 그러나 2007-8년의 금융 위기 후 서양의 경제 침체, 2020년 코로나바이러스 감염증 팬데믹으로 인한 경제적 붕괴, 그리고 이런 위기들을 다루는 정치인들의 명백한 무능력은 민주주의에 대한 대중 신뢰를 약화했는지도 모른다.

또 하나의 가능한 환멸 원천은 몇몇 세계적 문제가 국가 정치가 통제하거나 결정할 능력을 넘어 커져 버렸다는 점이다. 기후 변화가 한 문제이다. 즉 사람들은 자기들 자신의 나라에서 탄소 배출을 줄이도록 투표하는 것이 만약 다른 나라들이 똑같이 하지 않는다면 의미가 없다고 불평한다. 안보, 테러리즘 그리고 이주도 역시 조정된 국제적 해결책들이 필요할지 모른다.

국제기구들—예를 들면, 환경 정책에서 선도하는 EU, 경제 안정을 조정하려고 노력하는 중앙은행들, 그리고 국제 재판소들—은 이 세계적 문제들에 대해 공백을 메우려고 노력한다. 그러나 그러한 기관들은 심각한 한계가 있다. 그것들은 투표자들이 공감할지 모르는 문화적 및 언어적 정체성이 없고, 그것들의 구성 국가들은 목적들과 방법들 양쪽 다에 강경하게 의견이 다를지 모른다. 그러므로 사람들은 이 기구들을 멀고 책임을 지지 않는 것으로 여기고, 대신 더 많은 국가적 주장—대중 영합주의 지도자들이 다시 매우 기꺼이 이용할 어떤 것—을 요구한다.

정치 체제의 변화들

또 하나의 도전은 현재 정치 과정을 통해 행해지는 결정들의 양과 복잡성의 증가가 정치를 전문 정치인들을 위한 활동으로 만들었다는 점이다. 보통 국민은 종종 자기들이 역할이 거의 없다고 느낀다. 투표하는 것 이상을 하는 사람은 거의 없다. 오직 작은 소수파만이 정당이나 선거 운동 단체에 가입한다. 정당들이 당원들을 잃음에 따라, 그것들은 교활한 마케팅, 개성, 인상적인 한 마디 그리고 정보 조작에 더 의존하게 되었다—이것은 그저 선거인들을 자기들이 거짓말을 듣고 있는 것으로 의심하게 할 뿐이다.

현대 매체 기술은 정치인들을 더 눈에 띄게 할지 모르지만, 그것의 관심은 보통의 하원 의원들보다는 대개 정당 지도자들에게 집중되어 있다. TV 토론들에 출연해서, 자기들의 지위와 권위를 높이고, 자기들의 정당들에 대한 자기들의 통제를 공고히 하는 사람들은 장관들과 수상들이다. 그것은 권력을 행정부로 옮기고 그들을 억제하게 되어 있는 대표자들에게서 멀리 옮긴다.

한편 선거 비용 증가는 돈을 더 중요하게 하고, 대중에게 누가 그들의 정치에 자금 조달하고 있는지 질문할 마음이 생기게 하였다. 그들은 정치인들을 내쫓지만, 정치 및 규제 체제에 관한 그들의 내부 지식을 이용하기를 원하는 회사에서 어떤 보수가 좋은 역할로 그들이 들어가는 것을 볼 뿐이다. 그것은 모두 정치인들이 오직 자신들을 위해서만 그것[체제] 안에 있다는 생각에 연료를 공급한다. 다시, 이것은 민주주의에 고유한 어떤 것이 아니다. 그것은 그저 그것[민주주의] 아래에서 더 눈에 띌 뿐이다.

정부의 성장과 복잡성은 또한 더욱더 많은 결정이 선출된 대표자들보다 관리들과 '전문가들(experts)'에 의해 행해진다는 점을 의미하기도 한다. 정치인들은 자기들에게 넘겨지는 모든 복잡한 법률을 읽고 이해할 시간이 좀체 없다. 사실상, 현대 민주 국가들에서 통과되는 많은 법률은 공무원들이 기초(起草)하는데, 아주 복잡해서 그것은 그것들을 해석할 또 다른 전문가들과 그것들을 집행할 기관들이 필요하다. 그래서, 정치인들은 다시 무색하게 된다. 그리고 법률을 심사하기 위해 설립된 많은 전문가 패널은 정치인들 자신들보다 대중에서 더욱 더 먼 대학 교수들, 판사들 혹은 공무원들의 엘리트에서 선택된다.

유권자의 변화들

유권자도 역시 변했다. 증가하는 부, 더 광범위한 교육 그리고 더 쉬운 여행으로, 계급 및 카스트 장벽들이 무너졌다. 가난한 가족 출신의 사람들이 자기들의 재능을 사용하는 것이, 부유해지고 심지어 유명해지는 것이, 그리고 주어진 경제 및 정치 규범들을 개편하는 것이 [과거보다] 더 쉽다. 그러나 사양 산업들의 사람들이 저평가되고 배제된다고 느끼게 되어, 다시 민족주의와 대중 영합주의를 조장한다.

기술도 역시 정치를 바꾸었다. 예를 들면, 더 많은 사람이 지금 자기들의 뉴스를 온라인 원천들에서 얻는다. 소셜 미디어는 소수파들이 생각이 같은 다른 사람들을 찾는 것—그리고 정치인들의 필요 없이 서로 지원하는 것—을 더 쉽게 한다. 그리고 한때는 정치인들이 통제하는 큰 공공 기관들만이 산출할 수 있었던 많은 서비스(예를 들면, 방송, 공익사업, 전화 그리고 운송)가 이제 더 작은, 경쟁하는 사기업들에 의해 다양한 새로운 방식으로 산출될 수 있다. 그것은 이 서비스들을 사용하는 사람들에게 정치인들을 덜 적합하게 할 뿐만 아니라, 그것은 또한 사람들에게 학교나 연금 같은 공공 서비스들에서, 정치인들이 자기들을 대신해서 결정하게 하는 대신에, 자기들이 똑같은 선택을 할 수 없는 이유를 궁금해하게도 한다.

바뀌는 연령 측면들(age profiles)—서양에서 베이비 붐 세대와 다른 곳에서 점점 늘어나는 밀레니얼들(millennials)—도 역시 태도에 영향을 미쳤다. 젊은이들은 정치를 지배하는 구세대가 자기들 자신에게 유리하게 사정을 왜곡시키는 데 자기들의 정치 권력을 사용했다고 불평한다. 따라서, 구세대는, 부분적으로 그들이 신세대에게 전부 갚도록 남겨두고 있는 부채로 재정 조달되어, 자신들에게 연금, 사회 보장 그리고 무료 보건 의료와 같은 후한 편익을 주기로 가결했다는 것이다. 그것은 보통의 정치 과정에 대한 또 하나의 환멸의 원천이다.

결론

이 모든 이유로, 대중은 자기들의 민주주의 정치인들에게서 더욱더 소외되었다. 그래서 군소 정당들이 증대하게 된다. 민주주의를 지지하는 사람들에게 우려는 현재의 정치 계급에 대한 대중 멸시가 민주주의 과정 그 자체에 대한 더 넓은 신뢰 상실로 확대될 수 있을 것이라는 점이다. 자유 민주주의의 상당한 편익들을 고려하면, 이것은 심각한 불행이 될 수 있을 것이다. 그래서, 우리가 현재의 환멸의 원천을 이해하고 민주주의 정치를 대중에 더 적절하게 하는 방식들을 찾는 것이 중요하다.

11 참여의 미래

참여의 형태들

어떤 사람들은 민주주의의 어려움이 새로운 형태들의 대중 참여로 고쳐질 수 있다고 생각한다. 그들의 이상은 '참여(participative)' 민주주의로, 시민들이 의사 결정에 직접 참여하는, 그것의 오래된 의미에서의 민주주의와 더 닮았다. 그들은 이것을 오늘날의 '집계(aggregative)' 방식들과 대비하는데, 후자는 단지 사람들의 표들을 세고 그것들을 다 비교할 뿐이다.

강제 투표(compulsory voting)가 하나의 제안이다. 아무도 투표하는 것을 넘는 일을 할 필요가 없다는 점에서 그것은 그저 약하게만 '참여적'이지만, 희망은 그것이 또한 대중 토론에 대한 더 큰 관심을 자극하기도 한다는 점이다. 많은 나라가 이미 강제 투표를 하고 있고, 오스트레일리아가 유명하지만, 또한 우루과이, 벨기에 그리고 룩셈부르크 같은 다른 민주 국가들도 있다. 그렇지만 그것이 선거 결과들이나 대중 토론의 질에 영향을 미친다는 증거는 거의 없다.

또 하나의 제안은 주민 투표와 투표 발안 같은 *직접 민주주의*(direct democracy)인데, 이것은 모든 사람에게 법률에 대한 직접 투표를 제공한다. 다시, 이것도 여러 곳에서 이미 사용되고 있다. 몇몇 미국 주는 또한 투표자들에게 인기 없는 법률들의 도입을 봉쇄할 수 있게 하는 '거부권(veto)' 주민 투표도 가지고 있다. 캘리포니아주는 주민(州民)들에게 법률들과 심지어 주 헌법에 대한 수정들조차도 제안할 수 있게 한다.

세 번째 전략은 *공론 조사*(deliberative polling)이다. 주민의 대표 표본을 그들의 의견들에 대해 여론 조사한다. 그다음, 그들은 조사 결과를 토론하기 위해 주말 동안 같이 초대된다. 주장들에 관해 그들에게 브리핑들이 제공된다. 그들은 자신들 사이에서 그리고 전문가들 및 정치인들과 쟁점들을 토론한다. 그다음 그들은 다시 여론 조사를 하는데, 정보에 근거한 토론이 원래의 여론 조사 결과에 어떤 차이를 가져오는지 보기 위해서다. 이것은 입법자들이 대중의 진정한 가치들을 더 정확하게 이해하는 것을 돕는다고, 이야기된다.

이것의 변종은 *시민 배심원*(citizens' juries)인데, 여기서는 보통 12-24사람으로 된, 작지만 대표적인 집단이 함께 모이고, 전문가 증인들에게 질문하며, 쟁점들에 관해 심의한다. 그 생각은 그러면 그들의 조사 결과가 더 넓은 대중의 선택들과 입법자들의 선택들에 영향을 미친다는 것이다.

많은 사람은 *디지털 민주주의*(digital democracy)를 옹호했다. 투표소에서 투표하지 않는 사람들의 약 3분의 2는 만약 자기가 온라인으로 투표할 수 있으면 자기가 그렇게 하겠다고 말한다. 이 생각의 옹호자들은 온라인 체제들이 투표자들에게, 그들이 자기들의 결정을 하기 전에, 쟁점들과 주장들에 관해 더 자세한 정보를 제공할 수 있게 한다고 지적한다.

정보 기술은 이미 민주적 과정을 형성하고 있다. 오스트레일리아는 '마이보트(MiVote)' 플랫폼을 개척했는데, 이것은 선거인들에게 의회에서 토의되고 있는 모든 주요 쟁점에 관해 다양한 시각을 제공한다. 아이슬란드는 2008년에 자기의 헌법적 개혁들을 '크라우드소스했다(crowdsourced; 대중들의 참여를 통해 해결책을 얻었다).' 에스토니아는 자신을 'e-국가(e-nation)'라고 부른다. 그리고 기계 학습(machine learning)과 번역 체계들은 지금 전 세계의 사람들을 포함하는 대규모 토론을 할 수 있게 한다.

그러나 기술이 정말로 정보에 근거한 대중 토론을 증대하는가? 증거는 그렇지 않다고 암시한다. 즉, 그것이 사람들에게 방대한 양의 정보에 접근할 수 있게 하고 그들이 (공직 후보자들의 선택뿐만 아니라) 광범위한 쟁점에 관해 투표할 수 있게 하지만, 그들은 여전히 합리적으로 무지한데, 왜냐하면 그들의 시간은 희소하고, 그들의 개개 표들은 여전히 가치가 거의 없기 때문이다.

참여 찬성론들

그것에 대한 하나의 해답은 사람들을 의사 결정 과정에 더 많이 참여시키는 것일지 모른다. 그리고 이것에 대해 다른 찬성론들도 또한 있다. 많은 사람은 시민을 사회적 결정들에 참여시키는 것을 그 자체 선(善)으로 여긴다. 그것은 사람들이 쟁점들에 관해 생각하게 한다. 그것은 그들의 사회적 인식을 증대한다. 그들이 더 잘 알게 함으로써, 그것은 더 나은 선택들에 이를 것이다. 그리고 그것은 모든 수준에서 행해질 수 있다—정부들은 중요한 국가적 질문들에 관해 전 국가의 지혜를 이용할 수 있지만, 단일의 주택 단지에서 세입자들은 자기들의 건물이 어떻게 운영되는지를 결정하는 데 똑같은 생각을 사용할 수 있을 것이다.

또한 실제적인 논거들도 있다. 구식의 투표 방식들은 민주주의를 지나치게 집권적으로, 성가시게, 느리게 그리고 범위가 제한되게 한다. 정치인들은 도저히 모든 사람의 견해들을 고려할 수 없고, 어떤 사람들에 대해서는 잘 작용하지만 다른 사람들에 대해서는 나쁘게 작동하는 정책에 이른다. 더 분권적인 의사 결정은 더 빠르고, [그것은] 지방 사람들에 더 적절하면서 그러므로 더 안정적인 정책들을 낳는다. 구식의 정치는 단지 투표자들 *전체*를 슬로건들과 인상적인 한 마디들로 퍼부을 수 있을 뿐이지만, 온라인 체제들은 그들이 관련 정보의 전 웹사이트들에 접근할 수 있게 한다. 그리고 이런 종류의 참여 민주주의는 기성 정당들의 통제를 약화할 수 있고, 새로운 아이디어들이 번성할 수 있게 하며, 근거해서 행동할 사회적 조건들을 더 빠르게 바꾼다.

실제적인 참여 반대론들

비판자들은 여전히 설득되지 않는다. 주민 투표나 투표 발안 같은 직접 민주주의 기법들이 여전히 투표자들에게 쟁점들에 관해 배우고 숙고하는 데 귀중한 시간과 노력을 투자하도록 요구하는데, 설사 그들의 개별 표가 여전히 아주 작은 비중을 지닌다고 할지라도 그렇다고 그들은 주장한다. 그리고 만약 정보에 근거한 결정을 하는 데 우리가 선거인들에게 의지할 수 없다면, 더 잘 아는 그들의 대표자들에게 통치를 맡기는 것이 아마 더 나을 것이다. '민주주의는 끊임없이 조립되는 국민이 그 자신 공무를 감독하는 상태가 아니다,' 프랑스의 혁명

지도자 막시밀리앵 로베스피에르(Maximilien Robespiere) (1794)가 썼다, '민주주의는 주권자로서 국민이 ... 자기가 잘 할 수 있는 것을 혼자 힘으로 하고 자기가 할 수 없는 것을 자기의 대리인들을 통해서 하는 상태이다. ...'

더군다나, 미국 경험은 기성 정당들이 가장 큰 자금 조달 및 선거운동 능력을 갖추고 있으므로 *투표 발안들*(ballot initiatives)을 대개 기성 정당들이 수행할 것이라는 점을 암시한다. 또한, 투표 발안들은 종종 잘못 설계되든지, 아니면 납세자들을 이용하거나 경쟁 이해관계자들을 헐뜯으려고 시도하는 이익 집단들에 의해 촉진된다—이것은 기업들이 악의적이거나 부적절한 제안을 퇴치하는 데 수백만 달러를 쓰는 것을 모든 선거가 경험한다는 점을 의미한다. 그리고 그 체제는 재정적으로 그리고 법적으로 모순되는 결정들을 낳는다.

주민 투표들(referendums)은 대의 민주주의—그것의 요점은 선거인들에게 모든 쟁점을 결정해야 하는 수고를 면하게 하는 것인데, 그 일을 자기들의 대표자들에게 위임함으로써 그렇게 한다—와 사이가 좋지 않은 것 같다. 그래서, 주민 투표들은 무엇을 위해 존재하는가? 그것들은 법률을 만들 수 있는가(그 경우 몇몇 매우 모순되고 비자유주의적인 법률들이 통과될 것 같다)? 그것들은 대표자들에게 투표하는 방법을 명령하는가(그리고 만약 대표자들이 다른 방식으로 투표하면 무슨 일이 일어나는가)? 혹은 그것들은 단지 권고적일 뿐인가(그 경우, 왜 그저 여론 조사에만 의지하지 않는가)? 종종 이런 질문들에 명백한 대답이 없다. 그러나 설사 대의 민주주의 안에서 주민 투표의 정확한 역할이 명백하지 않을지 몰라도, 그것들이 긍정적인 기능이 있는 점은 당연하다. 미국 대학 교수 존 G. 마쓰사카(John G.

Matsusaka) (2004)는 지방 주민 투표들이 정치적 논쟁을 해결하고 납세자들의 돈을 절약하는 것을 돕는 일을 할 수 있고 정말 한다고 강력하게 암시한다.

디지털 민주주의(digital democracy)에 대해서는, 비판자들은 그것이 여전히 기성 정당들과 충분한 재원이 마련된 로비 단체들에 의해 움직일 것이라고 말한다. 그리고 어떤 시민들은, 특히 노인들은, 온라인 참여에 접근할 능력이 적어서, 정치적 평등의 개념을 약화할지 모른다.

심의(deliberative) 체제들에 관해서는, 제이슨 브레넌(Jason Brennan) (2016) 같은 비판자들은 그것들이 전통적인 집계 방식들보다 더 *나쁜* 결정들을 한다고 주장한다. 심의 집단들은 일반적으로 받아들여지고 있는 지혜를 확장하는 경향이 있고, 새로운 아이디어들을 탐구하지 않는 경향이 있다. 참여자들은 확고한 견해들을 가진 설득력 있는 사람들에 의해 쉽게 이끌린다. 이론상, 독립적인 촉진자들이 이것을 교정할 수 있어야 한다. 그러나 불가피하게 촉진자들은 토론에 자기들 자신의 편견들을 가져올 것 같다. 반면에, 인기가 없는 견해들을 가진 약간의 사람은—비록 투표소에서 익명으로 그것들을 완전히 기꺼이 표현할지라도—낯선 사람들 앞에서 그것들을 진술하는 것이 당혹스러울지 모른다. 그래서 다시, 심의 집단들은 여론의 완전한 분포를 대표하지 않는 인습적이고 중도주의적인 결론들을 찾아내는 경향이 있을 것이다.

원칙상 참여 반대

비판자들은 또한 형식적인 채널들을 통한 참여가 기존의 것보다 더 '민주적'이지 않다고 주장하기도 한다. 시민은 이미, 어떤 시민 배심원이 그럴 수 있을 것보다, 훨씬 더 즉각적이고 광범위한 참여 형태인 사회 및 기타 매체를 통해 직접적으로, 그리고 많이, 의사 전달한다. 그리고 더 많은 형식적인 참여 방식이 유권자를 교육하고 계몽하는 것을 정말 실제로 돕는다는 점은 명백하지 않다. 예를 들면, 강제 투표는 정치 쟁점들에 관한 시민의 지식을 증가시키거나 선거 결과들을 바꿀 것 같지 않다.

어떤 경우든, 문제는 교육이 아니라 *동기*(motivation)이다, 라고 비판자들은 계속한다. 선거인들은 매일 정보로 퍼부어진다. 그들은 그것을 무시할 뿐인데, 왜냐하면 그들은 걱정할 더 절박한 개인 업무가 있기 때문이다. 그리고 사람들은 하여간 그들의 참여 욕망이라는 면에서 크게 다르다. 단지 소수만이 정당에 가입하거나, 전단을 전달하거나, 정치 집회에 참여하거나, 운동 조직에 돈을 기부한다. 그래서 만약 자기들에게 기회가 제공되면 모든 사람이 공공 쟁점들에 관해 숙의하기를 원할 것이라고 우리가 왜 가정해야 하는가? 대부분 사람은 [이것보다] 더 지루한 어떤 것도 상상할 수 없을 것이다.

형식적 장치들을 통한 참여는 대부분 사람에게 그저 쓸모없을 뿐이라고, 그것의 비판자들은 결론짓는다. 그들은 그것을 소중히 여기거나, 그것을 존중하거나, 그 기회를 현명하게 사용하지 않을 것이다. 그것은 우리가 이미 가지고 있는 것보다 본질적으로 더 낫거나 더 '민주적'이지 않다.

우리는 정말로 '더 많은 민주주의'를 원하는가?

더 큰 '참여' 민주주의가 실제로 더 나쁜 결과들을 낳을지 모르는 다른 설득력 있는 이유가 있다고, 브레넌(Brennan) (2016)은 말한다. 우리는 투표자들이 공무에 관해 충격적으로 무지하다는 점을 안다. 참여가 어떻게든지 해서 그들을 정책 전문가로 바꿀 수 있다는 생각은 터무니없다. 그들은 아마도 심지어 유능한 아마추어로조차도 바뀔 수 없을—것이고, 그렇게 하려는 시도에 분개할—것이다. 일, 가정, 가족 그리고 취미와 같은 다른 것들이 그들에게 더 긴급하거나 중요하다. 그러므로 그들을 정치에 종사하게 하는 것은 그들에게 적극적으로 해롭다. 즉, 그것은 그들의 시간을 그들이 소중히 여기고 하기를 원하는 것들에서 그렇지 않은 것으로 돌린다.

그리고 정치가 하여간 우리의 삶의 그렇게 큰 부분이 되어야 하는가? 그것은 사람들을 더 사회적으로 깨닫게 하거나 더 도덕적으로 하는 것 같지 않다. 그것은 그들을 더 타락시킬 것 같을지 모른다. 정치 권력의 매력은 유혹적인데, 당신 자신의 견해들을 다른 사람들의 삶에 부과할 가망이 그런 것과 같다. 자유 민주주의의 요점은 그러한 권력을 제한하고 그래서 당국자들이 다른 사람들을 들볶고 착취하는 것을 막는 것이다. 그러나 그 집합적 의사 결정에 그것을 '참여 민주주의'라고 부름으로써 정당성이 더 많이 주어질수록, 그것이 더 쉬워지고, 소수파들이 저항하는 것이 더 어려워진다.

그렇다면 그렇게 많은 정치 행동가가 왜 '더 많은' 혹은 '더 깊은' 민주주의를 하려고 그렇게 열심인가? 어쩌면 그들은 그것이 정치적 평등 같은 중요한 가치들을 증대할 것이라고, 더 투명할 것이라고, 도덕적으로 향상할 것이라고, 혹은 정치적 내부자들에게서 권력을 빼앗을 것이라고 진정으로 믿을 것이다. 그러나 덜 자선적인 설명들도 있을지 모른다. 어쩌면 그들은 그저 집합적 의사 결정을 정당화하고 확대하기를 원할 뿐일 것인데, 개인들에게 결정들을 맡기기보다 그것을 사회를 운영하는 더 나은 방식으로 생각하면서다. 어쩌면 그들은 투표자들이 그들의 선출된 대표자들보다 더 개입주의적인 경향이 있다고 인식할 것이다. 혹은 어쩌면 그들은 더 개입주의적인 정부가 자신들과 같은 지식인들에게 더 많은 일자리와 지위를 제공할 것으로 생각할 것이다.

제한된 민주주의의 개념

만약 투표자들이 정말 불합리하고, 정보를 갖고 있지 못하며, 종족적이고, 자기 이익을 추구한다면, 진정한 질문은 (버려진 희망 같은) 그들을 어떻게 바꿀 것인가가 아니라, 그들이 왜 다른 사람들에 대해 어떤 권력이든 하여간 가질까가 되어야 한다. 그것은 *더 많은* 민주주의에 대한 것이 아니라 *더 제한된* 민주주의에 대한—우리가 스스로 할 수 있는 결정들을 빼앗지 않고 우리의 권리들, 자유들 그리고 안전을 보호하는 그것의 주요 역할에 집중하는 억제된 정부에 대한—찬성론이다.

민주주의의 자유주의적 견해는 우리가 그것을 창설한 것이 우리를 보호하기 위해서지 우리를 통제하기 위해서가 아니라는 것이다. 그것은 다수파들이 모든 사람의 삶의 큰 부분들을 운영하게 허가하는 메커니즘이 아니다. 그것은 공동으로 이루어져야 할 소수의 결정을 하는 데 더 정보가 많고, 더 관심이 있으며, 더 능할지 모르는 대표자들을 선택하는 방식일 뿐이다. 선거인들을 그들이 되고 싶지 않은 어떤 것으로 만들려고 노력하기보다는, 실제 그대로의 투표자들에 근거하여 가능한 최상의 정부를 창설하도록 제도들을 수립하는 것이 더 나을지 모른다.

12 민주주의와 국경

1989년 베를린 장벽의 붕괴는 독재 정부를 수세에 놓았다. 소련의 냉혹한 현실이 노출되었고, 권위주의적 정체들은 일반적으로 자기들의 정당성을 잃기 시작했다. 어떤 종류의 민주주의가 유일한 대안인 것 같았다. 개혁 운동들이 동유럽, 라틴아메리카, (특히 1994년 아파르트헤이트(apartheid; 예전 남아프리카 공화국의 인종 차별 정책)의 폐지와 함께) 아프리카, 남아시아, 동남아시아에 걸쳐, 심지어 한동안 중국에서도 퍼졌다. 더욱더 많은 나라가 국제 지수들에서 '자유로운(free)' 것으로 명명되었다.

미국 정치학자 프랜시스 후쿠야마(Francis Fukuyama) (1992)는 심지어 '역사의 종언(the end of history)'—자유 민주주의가 모든 곳에서 승리한 세계—에 관해 이야기하기조차 하였다. 서양 정치인들은 전 세계에 걸쳐 민주주의를 확산함으로써 그 비전이 실현되게 하는 것을 자기들의 의무라고 여겼다. 독재자들은 도전받았다. 외국 원조와 무역 협정은 나라들이 부패를 종식하고, 자기들의 정부들을 개혁하며, 민주주의 제도들을 채택하는 것을 조건으로 하여 이루어졌다.

그러나 자유 민주주의는 창설하거나 재생하기가 그렇게 쉽지 않다. 미국 대법원 판사 앤서니 케네디(Anthony Kennedy) (1999)가 관찰했듯이, '민주주의는 여러분들이 세대마다 배워야 하는 어떤 것이다. 그것은 가르쳐져야 한다.' 그리고 참으로, 그것은 몇몇 첫 근대 민주 국가가 배우는 데 몇 세기의 갈등과 유혈이 필요했다. 오늘날에는, 현재 존재하는 많은 작동하는 민주주의 예를 가지고, 새로운 민주 국가들이 어쩌면 더 빠르고 평화롭게 수립될 수 있을 것이다.

그렇지만 장애물들이 남아 있다. 작동하고 자기의 편익들을 산출하기 위해서는, 민주주의는 그것을 받아들이고, 그것을 이해하며, 그것을 소중히 여기고, 그것을 존중하는 시민들이 필요하다. 그러나 항상 전제 정부 치하에 살았던 사람들은 종종 민주주의를 두려워하고 오해한다. 때때로, 이집트의 호스니 무바라크(Hosni Mubarak)와 같은 독재자들과 다른 중동 및 북아프리카 국가들의 독재자들은, 투표로 공직에 선출된 혁명가들이 자기들의 다수가 자기들에게 절대 권력을 준다고 상상하기 때문에, 몇몇 면에서 더욱 덜 자유주의적인 '민주' 정체들로 대체되었다. 비록 그들이 민주주의의 원칙들을 남용한다고 할지라도, 민주주의의 장식을 채택함으로써, 그들은 받을 자격이 없는 국제적 정당성을 주장한다. 다른 곳들에서, 유고슬라비아의 요시프 티토(Josip Tito) 같은 독재자들은 자기들의 나라에서 민족주의적, 종교적 혹은 인종적 집단들 사이의 갈등을 그럭저럭 억눌렀지만, 일단 그들이 쫓겨나자 그 결과 몹시 파괴적인 전투가 일어났을 뿐이다. 독재 정치에서 민주주의로 이행하는 것에 관한 사람들의 공포들은 약간의 정당화 근거가 있는 것 같다.

서양의 실수들

민주주의는 그저 새로운 토양에 이식되어 자기 힘으로 번성하리라고 기대될 수만은 없다. 그것은 경작과 돌봄이 필요하다. 그리고 민주주의가 자동으로 번영, 권리, 자유 그리고 평등을 이런 것들이 알려지지 않고 낯선 나라들에 배달할 수도 없다. 슬프게도, 서양 정치인들은 자기들이 그 모든 것과 그 이상(以上)을 달성할 수 있다고 믿었다. 그리고 (실제, 자유와 번영을 낳는 것이 자유주의 가치들일 때) 민주주의가 자유와 번영을 낳는다고 그들이 생각하기 때문에, 그들은 더 가난한 나라들이, 일단 독재가 없어지면, 자기들 자신의 민주적 제도들을 간절히 창설할 것으로 생각했다.

그러나 서양 사람들은 아주 오랫동안 자유주의 및 민주주의 제도들과 더불어 살았기 때문에 그들은 그것들을 당연하게 여긴다. 그들은 정의, 법의 지배, 권리, 신뢰 그리고 정직이 모든 곳에 존재한다고—혹은 일단 억압이 제거되면 즉각 소생할 것이라고—가정한다. 그들은 모든 나라가 공통의 국민 의식이 있다고, 그리고 민주주의 개혁을 이해하고 추진시킬, 교육받고 자유주의적인, 중산 계급을 가지고 있다고, 가정한다.

그렇지만 몇 세기 동안 전제 정치 아래에서 살았던 나라들은 이것 중 어느 것도 없을지 모르고, 그것들에 관한 어떠한 명백한 개념도 없을지 모른다. 인종 혹은 기타 집단들 사이에 깊은 증오가 있을지 모르고 신뢰가 거의 없을지 모른다. 사람들은 강력한 전제적 지도력 없이는 나라가 운영될 수 없다고 믿을지 모른다. 그들은 수립된 민주 국가들을 약하고, 거만하며, 조화를 이루지 못한다고 여길지 모른다. 그들은 계속해서 자유보다는 안정, 번영보다는 전통, 법보다는 종교를 더 소중하게 여길지 모른다.

라이언 머피(Ryan Murphy) (2018)는, 모든 다른 요소를 고려할 때, 전제 정치가 사실상 더 나은 관리(governance) 결과들에 이르지 않는다는 점을 보여주었다. 그러나 세계에 민주주의의 편익들을 설득하기가 그렇게 쉽지 않을지 모른다.

신생 민주 국가들의 문제들

참으로, 나라들이 민주주의의 장식—선거, 의회, 법원—을 정말 채택할 때도, 그들은 여전히 그 실질을 채택하지 않을지 모른다. 법의 지배가 없을지 모른다. 법원들이 부패할지 모른다. 권리들이 불안전하거나 소수에게 국한될지 모른다. 종교적 영합은 개인의 자유를 억누를지 모른다. 선거들은, 후보들에 대한 진정한 선택이 없고 표들이 공정하게 계산되지 않아서, 사기일지 모른다. 의회는 단일 정당이 지배할지 모른다. 선거 승리자들은 자기들의 '민주적 위임(democratic mandate)'을 반대자들을 박해하는 데 사용할지 모른다.

그리고 아무런 공통의 국민감정이 전혀 없을지 모른다. 인종적, 종족적, 문화적, 이데올로기적 혹은 종교적 갈등들이 지속적인 괴로움과 분열을 일으켰을지 모른다. 앙숙의 정당들은 약하고 역기능적인 국가를 낳을지 모른다. 때때로 어떤 권위와 존경이든 가지고 있는 유일한 사람들은 저항하는 군 지도자들이다. 사람들은 군사력을 사정을 안정시킬 유일한 길로, 혹은 자기들의 종교적이거나 정치적인 이데올로기를 다른 사람들에 부과하는 데 필요한 것으로서, 볼지 모른다.

그러므로 강력한 군사 정부가 자유롭고 민주적인 정부의 어떤 생각보다 더 많은 인기를 얻을지 모른다. 동시에, 종교적 및 정치적 열성분자들은 자기들의 상대들을 구제 불능일 정도로 사악한 것으로 여길지 모르고, 자유 민주주의가 대안적인 생활양식들을 관용하기 때문에 자유 민주주의를 자기들의 원칙들에 적대적인 것으로 여길지 모른다. 그러한 열성분자들이 자기들의 비전을 향상하는 데 테러리즘이나 군사력을 기꺼이 사용하는 곳에서는, 오래지 않아 신생 민주 국가의 초기의 제도들이 발아래 짓밟힐지 모른다.

민주주의 가치들을 강요하려는 실패한 시도들

비록 이것들과 같은 문제들이 있는 곳들에 자유 민주주의를 수립할 가망이 유망하지 않다고 할지라도, 많은 서양 정부는, 민주주의가 최상의 해결책이라고 믿고서, 열심히 노력했다. 민주주의가 평화, 자유 그리고 번영을 촉진한다고 믿고서, 그들은 다른 정부들이 이 편익들을 누리기를 원할지 모른다. 그들은 자유 선거와 보통 선거권 같은 민주주의 제도들을 사회 및 정치 개혁을 추진하는 방식으로 볼지 모른다. 그들은 심지어 민주주의를 그 자체 이상으로, 인간 존엄과 정치적 평등 같은 중요한 원칙들의 표현으로, 여길지 모른다.

그렇지만 민주주의를 다른 나라들에 수출하려는 그들의 시도들은 한정된 성공을 누렸고 종종 아주 서툴렀다. 예를 들면, 2003년부터 계속된 이라크 전쟁은 전제적 독재 정권을 제거하는 한정된 목적을 가지고 시작되었다. 일단 이것이 일어나면, 자유 민주주의의 사상들, 원칙들 그리고 제도들이 하여간 소생할 것이라는 가정이 있는 것 같았다. 그러나 그것은 지나치게 낙관적인 것으로 드러났다. 그리고 슬프게도, 그 정권에 충성한 사람들의 체계적 제거는 주요 제도들(경찰, 법원들, 민정)을 지도자 없이 방치—하여서, 혼란을 야기하고, 신뢰를 파괴하며, 민주적 개혁을 도입하는 것을 *더* 어렵게—하였다.

국제 제도들

국제 연합과 같은 국제 제도들이 세계를 민주주의로 이동시키는 일을 더 잘 할 수 있을까? 이 생각에 관해 여전히 회의적으로 될 많은 이유가 있다.

첫째, 세계은행(World Bank)이나 국제 통화 기금(International Monetary Fund) 같은 국제기구들은 종종—그것들의 특정 정부 개념을 다른 사람들에 부과하는 데 그것들의 부를 사용하는—신(新)식민주의자로 여겨진다. 예를 들면, 그들은 공공 책임에 관한 자기들의 비전에 일치하지 않는 국가들에 재정 지원을 거부할지 모른다.

둘째, 많은 국제기관은 더 큰 혹은 더 이전의 세계적인 강대국들 쪽으로 가중치가 주어진다. 예를 들면, 중국, 프랑스, 러시아, 영국 그리고 미국은 어떤 실질적인 국제 연합 결의에 대해서든 거부권이 있다. 그렇지만 일본, 독일 그리고 인도는 모두 영국과 프랑스보다 경제적으로 더 크다.

셋째, 많은 사람은 국제 연합이, 자기 자신의 인권 이사회(Human Rights Council)가 국제 자유 지수들에서 나쁜 성적을 얻은 콩고와 에리트레아 같은 국가들을 포함할 때, 자유 민주주의의 신뢰할 힘이 될 수 있는지 질문한다.

넷째 비판은 국제 제도들이 정부들을 대표하지, 국민을 대표하지 않는다는 점이다. 종종 그런 정부들은 자기들 자신의 주민이나 그것[주민]의 큰 부분들에 의해 경멸 되거나 미움을 받는다. 그렇지만 그들의 대표자들은 전 나라를 대변한다고 주장한다. 이처럼 구성된 기구들은 민주주의 개혁의 신뢰받는 추진자들이 아닐 것 같다.

세계 민주주의?

적어도 한 세기 동안, 이상주의자들은 세계 민주 정부를 수립하는 것을 꿈꾸었다. 이것에도 역시 심각한 문제들이 있다.

첫째, 민주주의는 세계 수준에서는 작동하지 않을 것 같다. 78억 인구가 도대체 어떻게 세계 선거 과정에 실제로 참여할 수 있을까? 우리가—큰 경제 강국들이나 큰 주민들이 통제하지 않고—어떻게 모든 사람을 공정하게 대표하는 세계 정부를 구조화할 수 있을까? 그리고 세계의 사고(思考), 문화, 역사, 통상 관계, 제휴 그리고 사고방식에서의 차이점들을 고려하면, 누구든 하여간 어떻게 '하나의 세계(the world)'를 대표한다고 주장할 수 있을까?

초국가적인 정부에 대한, 심지어 그다지 대단하지 않은, 시도들조차도 어려운 것으로 드러났다. 예를 들면, 거의 30개국이 유럽 연합 의회에 대표된다. 이것은 대중에 의해 선출되지만, 아주 많은 국가와 정당이 참여하고, 아주 많은 서로 다른 국익이 작용하여, 그것은 권한이나 권력이 아주 거의 없다. 실제 결정들은 국가 정부들의 비선출 대표자 기구들에서 이루어진다. 비판자들은 '민주주의 적자(democratic deficit)'를 불평하지만, 민주주의가 어떻게 국민 국가들을 넘어 작동하게 될 수 있는지 보기는 어렵다.

둘째, 제도들이 더 크게 자랄수록, 그것들이 대표한다고 생각되는 사람들에게 그것들을 투명하고 책임 있게 하기가 더 어렵다. 세계 정부를 가지고서는, 정부와 피치자들 사이의 (물리적일 뿐만 아니라 은유적이기도 한) 거리에 더하여, 언어들과 국제적 관점들의 조화되지 않는 다양성이 그저 너무 클 뿐이어서 현실적인 대표, 조사 혹은 심지어 의사소통조차도 가능하게 할 수 없다. 선거인들은, 그들이 자기들 자신의 국내 정부로부터 소외되는 것보다, 그러한 기구로부터 더욱더 소외될 것이다.

나라들의 법체계들이 다르다는 점도 또한 기억하라. 몇 세기 동안 전개되었으므로, 그것들은 깊이 뿌리박혀 있고, 서로 다른 역사적, 문화적, 언어적 그리고 사회적 환경을 반영한다. 그것들은 서로 다른 전제에서 시작하고 서로 다른 원칙에 따라 작동한다. 그것들은 심지어 법과 정의에 관한 별개이고 대립하는 견해를 요약하기조차 한다. 그러한 차이점들이 무시될 수 있고 그러한 다양한 체계가 조화될 수 있다고 믿는 것은 낙관적이다. 그러나 민주주의는 오직 법의 지배의 합의된 기초에서만 존재할 수 있다.

작은 집단들을 위한 체제?

민주주의는 작은 집단들 안에서 아주 쉽게 작동한다. 더 작은 나라들에서는, 공유된 가치들, 강력한 개인 간 관계망들, 상호 소속감, 그리고 더 큰 신뢰가 더 있을 것 같다. 서로 다른 가치를 가지고 있는 많은 서로 다른 집단이 있을지 모르는, 그리고 사람들이 서로를 그렇게 가깝게 알지 못하는, 더 큰 사회들에서는, 신뢰는 달성하기가 더 어려울 수 있다.

그렇지만 신뢰는 더 큰 사회들에서 달성될 *수 있고*, 그것에 기초한 민주 국가들도 마찬가지다—빈센트 오스트롬(Vincent Ostrom) (1997)이 설명하듯이, 비록 그 과정이 어렵고 상당한 시간이 들지 몰라도 그렇다. 또한 민주주의 제도들을 작동하게 할 특별한 장치들이 있어야 할지도 모른다. 예를 들면, 서로 다른 민족의식이나 언어의 혼합 같은, 큰 차이점들이 있는 나라들은 결정들이 중앙 집권적으로 이루어질 수 있는 정도를 제한하는 연방 체제들을 발전시킬지 모른다. 스위스와 캐나다가 예들이다. 토지 면적에 따라서 가장 큰 민주주의 국가들(예를 들면, 캐나다, 미국, 오스트레일리아 그리고 인도)이 연방 체제들을 사용한다는 점도 역시 중요할지 모른다.

다시, 세계 곳곳에서 가장 가망이 없는 곳들에서 민주 정부들을 창설한 나라들의 수많은 예가 있다. 민주주의의 편익들을 추구하는 다른 나라들은 모방해서 자기들 자신의 상황에 맞게 고칠 많은 선택지가 있다. 그것이 쉽지 않을지 모르지만, (정치인들에 대한 그들의 불평들에도 불구하고) 상대적으로 자유주의적인 민주 국가들에 사는 대부분 사람은 그것이 명확히 노력의 가치가 있다고 여전히 주장할 것이다.

13 경험의 교훈들

우리는 정말로 민주주의를 원하는가?

'민주주의는 옛날에는 나쁜 말이었었다,' 캐나다 정치학자 C. B. 맥퍼슨(C. B. Macpherson) (1966)은 썼다, '그렇고 그런 사람인 모든 사람은 민주주의가, 국민에 의한 지배 혹은 태반 국민의 의지에 일치하는 통치라는 그것의 원래 의미에서, 개인의 자유에 치명적인 ... 나쁜 것이 될 것이라는 점을 알았다. ... 그다음, 50년 이내에, 민주주의는 좋은 것이 되었다.'

민주주의는 인기 있는 사상일지 모르지만, 그것은 대부분 사람이 생각하는 것보다 이해하고 실천하기 더 어렵다. 그것은 개인 권리들의 존중, 법의 지배, 관용, 그리고 신뢰받는 제도들—그 모든 것은 진화하는 데 오랜 시간이 걸릴지 모른다—의 문화에 의지한다. 그것은 민주주의를 (북아프리카, 중동 그리고 아시아의 독재 후 정권들 같은) 다른 문화들에 가져오려는 시도들이 종종 재난으로 끝났고 그저 다른 종류의—다수파들의, 이데올로기들의, 혹은 종교적 정설들의—폭정만을 일으킨 이유이다.

사람들은 민주주의를, 미국 대통령 에이브러햄 링컨(Abraham Lincoln) (1863)이 자기의 게티즈버그 연설(Gettysburg Address)에서 표현했듯, '국민의, 국민에 의한, 국민을 위한 정부'라는 어떤 이상적인 형태로서 상상한다. 그러나 현대 민주주의는 그러한 것이 아닌데, 즉 국민은 단지 대표자들을 선택하기만 하고 그다음 이들이 결정을 한다. 만약 당신이 패배하는 쪽에 속한다면, 그것은 당신을 '위한' 정부가 거의 아니다. 그리고 정확하게는 누가 '국민'인가? 여자들이 투표권을 얻는 데는 몇 세기가 걸렸다. 그리고 몇몇 나라는 서로 다른 인종적 '국민' 사이에 철저하게 분열되어 있다. 또한 어떤 다수파든 어쨌든 소수파를 '통치하는' 데 무슨 권리를 가져야 하는지에 관한 더 넓은 철학적 질문도 있다.

민주주의는 정치적 평등과 포용, 정의, 책임 그리고 사회 참여 같은 유용한 가치들을 촉진할지 모른다. 영국 소설가 E. M. 포스터(E. M. Forster) (1951)는 '민주주의의 두 응원(two cheers for democracy)'을 했는데, '하나는 그것이 다양성을 인정하기 때문이고 둘은 그것이 비판을 허용하기 때문이다.' 그러나 설사 민주주의가 그 자체가 좋다고 할지라도, 그것으로는 충분하지 않다. 그것은 또한 좋은 결과들도 산출할 필요가 있다. 우리는 민주주의를 오직 그것이 *작동하는* 경우에만 정당화할 수 있다.

무엇이 민주주의를 정당화하는가?

20세기 오스트리아학파 정치경제학자 조지프 슘페터(Joseph Schumpeter) (1942)가 관찰했듯이, 중세 시대 대중은 마녀들을 화형에 처하는 것에 찬성 투표했을지 모른다. 그리고 심지어 오늘날에도 다수파들이 자기들이 반대하는 소수파들을 박해하는 것을 완전히 받아들일 수 있는 것으로 믿는 곳들이 있다.

그러나 우리는 다수파가 다른 사람들을 지배할 의문의 여지가 없는 권한이 있다거나 다수파 결정들이 자동으로 '옳'고 '정당'하다고 가정해서는 안 된다. 대안들을 경험했으므로, 오늘날의 더 교육받고, 계몽되었으며, 자유주의적인 주민들은 다수파 지배가 인간의 가치가 아니라는 결론에 도달했다. 관용과 다른 사람들의 삶의 존중 같은 것들이 그것 위에 있다.

그러나 만약 민주주의가 다수파들에 견제받지 않는 권력을 주도록 존재하는 것이 아니라면, 우리는 그것이 작동하고 있는지 무슨 기준으로 판단할 수 있는가? 많은 가능성이 있다. 예를 들면, 그것이 정말로 갈등을 줄이고 권력이 평화적으로 이전될 수 있게 하는지, 혹은 그것에서 생기는 결정들이 실제로 선견지명이 있고, 초점을 맞추었으며, 효율적인지와 같은 것들이다.

지속 가능한 민주주의는 어떤 모습일까?

작동하고 지속하기 위해서는, 민주주의는 자기의 핵심 목적들에 집중한 채로일 필요가 있는—는데, 이것들은 자유주의 사고방식에는 개인의 권리들을 보존하고, 강제를 줄이며, 결정되어야 하나 오직 집합적으로만 결정될 수 있는 소수의 것들(그리고 오직 그런 것들만)을 결정하는 것을 의미한—다. 그것은 권리들을 최우선시하고 그것들[권리들]을, 다른 사람들에 의하거나 국가에 의한, 강제에 대비해 개인들을 보호하는 데 필수적인 것으로서 인정해야 한다. 그러한 특질들이 없이는, 민주 국가들은 오래 지속될 것 같지 않다.

민주 국가들은 늘 소란과 논쟁의 장관(壯觀)들이었고 ... 그것들이 자기들의 죽음에서 격렬했던 것만큼 대체로 자기들의 삶에서 짧았다.

—제임스 매디슨(James Madison) (1787),
≪연방주의자 제10호(Federalist No. 10)≫

그렇지만 민주주의에 꽤 긴 수명을 주는 데 도움이 될지 모르는 최소 집합의 제도들이 있다. 투표 다수파와 그들의 대표자들의 권력을 억제할 구속력 있는 규칙들이 있을 필요가 있다. 선거인들에게 진정한 집합의 선택들을 제공하는 자유롭고, 공정하며, 경쟁적인 선거들이 있어야 한다. 시민적 자유들의 넓은 보호, 자유로운 출판, 언론의 자유 그리고 당국의 협박이 없는 자유로운 결사가 있어야 한다. 대중과 입법자들의 선택을 무효로 할 권력을 가진 군대, 군주 혹은 종교적 정설이 있어서는 안 된다.

오늘날, 완전한 성인 참정권은 필수적인 것으로 여겨지고, 그것 없이 현대 민주 국가를 구성하는 것은 어려울 것이다. 그렇지만 우리는 투표자들이 때때로 비참한 결정을 한다는 점을 받아들일 필요가 있다—예를 들어, 1932년에, 그들은 나치당을 독일의 국민 의회(Reichstag; 바이마르 공화국에서 나치 시대까지(1919-45)의 입법 기관)에서 가장 큰 당으로 만들었다. 그리고 심지어 가장 자유주의적인 나라들에서조차도, 선거인들은 항상 자기들이 국가에 최선이라고 믿는 것에 투표하는 것이 아니라 자신들에 최선인 것에 투표한다. 많은 투표자는 또한 생계를 위해 국가에 의존하는데, 이것은 불가피하게 그들의 선거 선택들에 악영향을 끼친다. 어떤 투표자들은 심지어 분별 있는 선택을 할 능력이 없을지도 모른다. 우리는 무능한 배심원들이 어떤 사람의 자유를 결정하는 것을 허용하지 않을 것이다, 제이슨 브레넌(Jason Brennan) (2016)은 언급한다, 그러므로 왜 무능한 투표자들이 모든 사람의 자유를 빼앗는 것을 허용할까? 그러나 선거인들의 능력을 해결할 객관적이고 논쟁을 불러일으키지 않는 방식이 없다. 우리는 그저 민주주의가 그들의 실수들에 잘 견딜 만큼 충분히 강하기를 기대해야 할 뿐이다.

'자살하지 않은 민주 국가는 전혀 없다,'고 미국 제2대 대통령, 존 애덤스(John Adams) (1814)는 썼다. 그렇지만 민주 국가는, 역설적으로, 만약 국민이 자유롭게 그것을 떠날 수 있다면 아주 강하다. 당신의 발로 하는 투표는 단지 표를 던지는 행위보다 당국에 더 강력한 메시지를 보낸다. 만약 정부가 국민에게 이익이 되게 작동하고 있다면, 제이미 렘키(Jayme Lemke) (2016)가 말했듯이, 그들은 더 머무를 것 같다. 만약 그렇지 않고, 그들이 떠난다면, 사정을 개혁할 더 강한 압력이 있을지 모른다. 연방 체제들은 가장 쉬운 도망갈 길을 제공할지 모르는데, 왜냐하면 개인들은 서로 다른 정부 체제를 가진 서로 다른 주(州) 사이를 거의 어려움 없이 이동할 수 있기 때문이다. 그러나 오늘날에는, 국제 이주가 커지는 선택지이다.

대안적인 민주주의 체제들

민주주의는 문제들이 있을지 모르지만, 그것들[문제들]은 '더 많은' 민주주의를 가짐으로써 자동으로 해결되지 않는다. 주민 투표들과 투표 발안들에서 법률들에 대한 직접 투표는 대중 영합주의 및 모순적인 결과들에 이를 수 있고, 심의 체제들과 온라인 투표는 그저 이미 존재하는 결함들을 강화할 뿐일지 모른다. 또한 실제적인 문제들도 있다—보통 사람들은 정책을 숙고하는 데 쓸 시간과 관심이 없는데,

이것은 정책 결정이, 그것에 매료되나 대중을 대표하지 않는, 사람들에 포획되게 될 수 있다는 점을 의미한다. 그리고 과반수 의사 결정을 더 정당성 있게 보이게 함으로써, 그러한 '참여' 메커니즘들은 소수파들을 더욱더 위협할지 모른다.

그러나 우리는 얼마나 많은 집합적 의사 결정이 필요한가? 사회들은 집합적 결정들이나 위로부터의 명령들을 요구하지 않고 스스로 조직하는 놀랄 만한 능력이 있다. 오스트리아학파 경제학자 F. A. 하이에크(F. A. Hayek) (1988)가 불렀듯이, *자생적 질서*(spontaneous order)는 우리 주위 곳곳에 있다. 즉, 시장들에, 언어가 발전하는 방식에, 위키피디아(Wikipedia) 같은 온라인 제도들에, 그리고 가장 중요하게 개인들 사이 상호 작용을 통해 자연적으로 자라는 관습법에 있다. 그것이 취하는 전부는 행동과 도덕에 관한 소수의 간단한 규칙이다. 간단히 표현하면, 미국 정치 활동가 맷 키비(Matt Kibbe) (2014)가 같은 제목의 책에서 표현했듯이, *사람들을 해치지 말고 그들의 것을 빼앗지 마라*(don't hurt people and don't take their stuff)이다.

그 도덕을 기초로 하여, 사람들은 자기들 자신의 공동체들—시민사회 조직들이나, 참으로, 작은 정부 단위들—을 설립할 수 있다, 많은 서로 다른 행정 단위를 가지는 것은 사람들에게 선택을 제공하고, 만약 그들이 자기들이 무시되거나 착취되고 있다고 느낀다면, 어떤 특정 단위에서 도망갈 기회를 제공한다. 물론 그것은 '세계 정부' 치하에서는 불가능할 것이다. 게다가, 자생적 사회가 기능하게 하는 규칙들은 더 작은 집단들에서 더 간단하고 더 합의적일 것 같다. 민주주의는 합의에 기초를 두고 합의에 도달하는 데로 돌려지는 일단의 인간 제도들이다. 그것은 인간 접촉을 요구한다. 즉 민주주의는 추상적으로 작동하지 않는다.

다시, 기술은 다른 사람들이 우리 대신에 우리의 삶을 계획할 필요 없이 우리에게 우리 자신의 삶에 대한 더 많은 통제를 제공한다. IT는 작은 집단들이 상호 이익을 식별하고 상호 이익을 위해 하나로 합칠 수 있게 한다. 그러면 누가 큰 정부가 필요하겠는가? 국가 서비스들과 사회 보험은 개인들에게 더 맞춰 만들어진 새로운 방식들로 행해질 수 있다. 상업과 무역은 새로운 개인 대 개인 상거래 제도들이 온라인에서 생김에 따라 자유주의화 될 수 있다.

참으로, (한때 여자들과 노예들에게 투표권을 거부하는 데 사용되었던) 사람들이 자치(自治)할 수 없다는 주장은 더욱더 공허한 것 같다. 사람들은 혁신적이다. 오늘날, 전체 사회가 모든 사람을 위해 집합적 결정을 할 필요가 없이, 그들은 스스로—와 자기들의 택시, 휴일 숙박, 배달, 공익사업, 기타 등등—를 온라인에서 효율적으로 그리고 정교한 방식들로 조직할 수 있고 정말 조직한다.

민주주의는 모든 것이 아니다

민주주의의 열광자들은 일반적으로 그것[민주주의]을 더 많이 보기를—그것을 더 널리 다른 나라들에 보급하기를 그리고 집합적 의사 결정을 자기들 자신의 나라에서 심화하기를—원한다. 대신 그들은 과반수 의사 결정이 불완전하다는 점, 그리고—마녀 화형에 대해서와 같이—(우리가 그것들을 어떻게 정의하건) '국민(the people)'의 결정들이 자동으로 정당한 것이 아니라는 점을 받아들여야 한다.

오히려, 민주주의는, 법의 지배, 개인 권리들, 관용, 자유 언론, 기타 등등과 더불어, 좋은 정부의 단지 한 요소일 뿐이다. 잘 작동하기 위해서는, 민주주의는 그것의 범위에서 그것의 본질적인 과업들에 국한되어야 하고, 개인들이 자기들이 선택하는 대로 행동할 수 있는 안전한 사적 영역을 남겨두어야 한다. 그리고 그것은 강압과 권력이 남용되는 것을 막고 주민을 위해서가 아니라 거슬러서 사용되는 것을 막는 방식들로, 그것의 행동들에서 제한되어야 한다. 그것은 헌법적 억제 수단, 권력 분립, 그리고 어떤 결정들에 대해서는 초(超)다수결이 필요할지 모른다. 그러나 이 *자유 민주주의*(liberal democracy)는 또한 더 깊은 문화와 이해가 필요하기도 하다.

민주주의는 요구가 많다. 그것은 대규모 인간 협력을 요구한다. 그것은, 특별히 다수파의 사람들이나 권한의 지위들에 있는 사람들의, 자제력을 요구한다. 그것은 우리가 더 장기적인 어떤 것을 위해 개인적 이득과 즉각적인 만족을 포기할 것을 요구한다. 그것은 우리가 우리의 실수들을 받아들이고 그것들에서 기꺼이 그리고 정직하게 배울 것을 요구한다. 그것은 출하를 기다리는 꾸러미가 아닌데, 왜냐하면 그것은 자기가 차지하는 무슨 역사적 및 문화적 환경에 대해서건 맞추어 만들어져야 하기 때문이다. 그것은 온갖 종류의 규칙들의, 그것이 작동하게 하는 무엇보다 중요한 세계관과 그것이 잘 작동하게 하는 (거의 '예절(manners)' 같은) 더 작은 관습들 양쪽 다의, 일반적인 수용(受容)을 요구한다. 그것은 개방 사회—관리할 수 있는 그리고 인간의 크기의 사회지만, 전 세계에 걸쳐 다른 개방 사회들과 기꺼이 상호 작용하는 사회—를 요구한다.

우리의 정치인들에 관해서는, 그들은 자신들이 시민들을 조직하려고 할 것이 아니라 시민들의 자주적 조직 결성을 촉진하는 것을 목표로 삼을 수 있을 것이다. 그리고 정치 개입이 최소화될 것을 찬성하는 논거가 있다. 즉 사회가 너무 복잡하여 어떤 중앙 당국도 계획하거나, 관리하거나, 심지어 이해할 수조차도 없다.

개인적 자유는 정당화 근거가 필요 없다. 즉 당신은 당신이 하는 어떤 일이든 결과를 겪는다. 그러나 민주주의는 정당화 근거가 정말 필요한데, 왜냐하면 당신이 하는 일의 결과를 *다른 사람들이* 겪기 때문이다.

우리는 민주주의를 정당화되는 것으로 환영해야 하는가? 그것은 여전히 진행 중인 실험이다. 민주주의는 다른 체제들보다 개인 및 인간 권리들의 존중 같은 자유주의 가치들 그리고 밖으로 나가고 번영할 자유와 더 가깝게 관련되어 있다. 일단 확립되면, 그것은 놀랄 정도로 안정적이고 지속적인 것으로 드러났다. 그리고 민주주의 제도들은, 설사 불완전하다고 할지라도, 자유주의 가치들을 지지하는 사람들이 자기들의 논거를 주장할 수 있고 진정한 자유 민주주의의 실제적이고 도덕적인 편익들을 설명할 수 있는 포럼(forum)을 제공한다.

14 민주주의에 관한 인용문들

다수의 횡포

무제한 민주주의는, 과두제와 똑같이, 많은 사람에게 펼쳐져 있는 전제 정치이다.

—아리스토텔레스 (기원전 350년경), ≪정치학≫

민주주의는 자유가 아니다. 민주주의는 두 마리 늑대와 한 마리 양이 점심으로 무엇을 먹을지에 투표하는 것이다. 자유는 빼앗아서는 안 되는, 심지어 99% 투표에 의해서조차도 빼앗아서는 안 되는, 일정 권리들의 인정에서 생긴다.

—마빈 심킨(Marvin Simkin) (1992), '개인 권리들(Individual Rights),' ≪로스앤젤레스 타임스(Los Angeles Times)≫

권력은 부패한다

사람들이 권력을 가지자마자 곧 그들은 나쁜 길로 빠지고 때때로 머리가 돌기도 하는데, 왜냐하면 권력의 소유는 그들을 들어 올려 정상적인 정직이 결코 이익이 되지 않는 영역으로 넣기 때문이다.

—E. M. 포스터(E. M. Forster) (1951), ≪민주주의의 두 응원(Two Cheers for Democracy≫

모든 정부는 되풀이하여 발생하는 문제를 겪으니, *권력은 병적인 인물들을 끌어들인다.* 그것은 권력이 부패한다는 점이 아니라 부패하기 쉬운 사람들에게 그것이[권력이] 매력 있다는 점이다.

—프랭크 허버트(Frank Herbert) (1965), ≪듄(Dune; 모래 언덕)≫

나는 지배자들이, 도덕적으로나 지적으로, 좀체 평균을 넘지 않았고, 종종 그것 미만이었다고 생각하는 경향이 있다. 그리고 나는, 정치에서, 최악에 대비하는 원칙을 채택하는 것이 합리적이라고 생각한다.

...

—카를 포퍼(Karl Popper) (1945),
≪열린 사회와 그것의 적들(The Open Society and Its Enemies)≫

민주주의의 문화

만약 자유와 평등이, 어떤 사람들에 의해 생각되듯이, 주로 민주주의에서 발견되게 되어 있다면, 모든 사람이 똑같이 최대한도로 정부에 한몫 낄 때 그것들이 가장 잘 달성될 것이다.

—아리스토텔레스 (기원전 350년경), ≪정치학≫

개인을 국가에 희생시킴으로써, 로마 세계의 지배자들은 그것을 유지하는 실제 가치들을 약화했다. 그들은 능동적이고 자존심이 있는 시민들을 기력이 없고 이기적인 시민들로 바꾸었다.

—아서 브라이언트 경(Sir Arthur Bryant) (1984),
≪은빛 바다를 무대로: 영국과 영국민의 역사

(Set in a Silver Sea: A History of Britain and the British People)≫

어떤 대표자도, 당신 자신의 명백한 생각에 정반대일 때, 파벌의 의견에 맹목적으로 따라서는 안 된다. 이것은 어떤 가치 있는 사람이든 복종한다는 생각을 참을 수 없을 정도의 노예 상태이다.

—에드먼드 버크(Edmund Burke) (1741),

≪신사와 런던 잡지(The Gentleman's and London Magazine)≫

민주주의를 위해 세계가 안전해져야 한다. 그것의 평화는 정치적 자유의 검증된 기초 위에 설치되어야 한다.

—우드로 윌슨(Woodrow Wilson) (1917),

≪전쟁에 관한 국회 연설(Address to Congress on War)≫

추가적인 읽을거리

설명들과 개관들

Beetham, D. (2005) *Democracy: A Beginner's Guide*. London: Oneworld Publications. 민주주의를 작동하게 하는 데 필요한 원칙들과 제도들을 상세하게 설명하고 그것이 현실에서 실제로 진화하는 방법을 비교하는 간단한 개론서. 이 책은 신생 민주 국가들의 문제들, 더욱 일반적으로 정치에 대한 환멸, 그리고 참여적 대안들을 설명한다.

Butler, E. (2012) *Public Choice: A Primer*. London: Institute of Economic Affairs. 투표자들, 압력 집단들, 정치인들 그리고 관리들 사이에서 자기 이익의 역할, 그리고 이것이 민주적 결정들의 효율성과 객관성을 문제 삼는 방식에 대한 간단한 안내서.

Butler, E. (2013) *Foundations of a Free Society*. London: Institute of Economic Affairs. 관용, 정의, 재산권들 그리고 시민적 평등 같은, 사회적 및 경제적 자유와 자유 민주주의를 떠받치는 원칙들의 간단한 해설.

Crick, B. (2003) *Democracy: A Very Short Introduction*. Oxford University Press. 대중 영합주의, 좋은 정부의 제도들, 그리고 시민권과 같은 쟁점들을 설명하기 전에 고대 그리스로부터 민주주의의 역사를 밝힌다.

Cartledge, P. (2018) *Democracy: A Life*. Oxford University Press. 고대 그리스로부터 로마 공화국, 르네상스 체제들, 미국 헌법을 거쳐 오늘날의 자유 민주 국가들에 이르는 민주주의의 기원들—과 각 체제가 권리들 대 다수파들의 쟁점을 다룬 방법—을 조사하는 광범위한 역사서.

Weale, A. (2007) *Democracy*. London: Palgrave. 약간 이론적이고 철학적이지만 민주주의의 본질, 그것에 대한 도전, 그리고 그것이 어떻게 오직 우리의 더 깊은 가치들과 관련해서만 판단될 수 있는지에 관한 몇몇 훌륭한 질문을 제기한다.

도전들과 비판들

Achen, C. and Bartels, L. (2017) *Democracy for Realists*. Princeton University Press. 투표자 무지, 종족주의 그리고 단기주의(short-termism)의 문제들에 관한 훌륭한 개관. 저자들은 권력의 축적을 막기 위해 정기적이고 빈번한 선거들을 가지는 것을 지지하여 투표 발안과 기타 참여적 해결책들을 거절한다.

Brennan, J. (2016) *Against Democracy*. Princeton University Press. 한 철학자가 투표자들의 체계적인 편향들을 지적하고, 그들이 참여 체제들에 의해 '교육되어(educated)' 이것들에서 벗어날 수 없다는 점과 그들이 그것들로 그저 상태가 더 악화될 뿐이라는 점을 주장한다. 그는 민주주의가 복잡한 선택들을 하찮아 보이게 만들고, 강압에 의지하며, 개인들이 다른 사람들을 지배하는 것을 허용하고, 그래서 낯선 사람들을 적으로 만든다고 주장한다.

Caplan, B. (2007) *The Myth of the Rational Voter*. Princeton University Press. 민주적 결과들을 왜곡하고 민주주의가 실패하는 이유를 설명하는, 체계적인 편향들—특히, 반시장, 반외국, 일자리 창출 그리고 비관적 편향들—을 투표자들이 가지는 방식에 관한 고전적 설명.

Karsten, F. and Beckman, K. (2012) *Beyond Democracy*. Scotts Valley, CA: CreateSpace. 리버테리언 시각으로부터의 논리적이고 간단한 비판으로, 민주주의가 지금 위기에 처해 있는 집합주의 사상이라고 설명한다. 저자들은 민주주의에 있다고 생각되는—대중 지배, 공정, 자유, 관용, 등등의—미신들을 열거하고—관료제, 복지주의 그리고 단기주의를 포함하는—그것의 문제들을 강조한다. 그들은 간단한 기본법들을 가진 더 작은 정부들이라는 새로운 아이디어를 옹호한다.

Ostrom, V. (1997) *The Meaning of Democracy and Vulnerability of Democracies*. University of Michigan Press. 민주주의 체제가 번창하는데 필요한 사회적 및 문화적 조건들에 관한, 그리고 강력한 '민주적' 정부들에 직면하여 개인의 자유들과 시민 사회를 보존하는 어려움에 관한 탐구. 또한 여러 대륙에서, 그리고 특히 공산주의에서 벗어난 나라들에서, 민주 사회들을 건설하는 어려움들도 탐구한다.

Smith, C. and Miers, T. (2011) *Democracy and the Fall of the West*. Exeter: Imprint Academic. 이 짧은 책은 민주주의가 자기의 기반인—법의 지배, 관용, 재산권들, 자유 시장들, 시민 사회 그리고 사회적 자유 같은— 자유주의 가치들을 약화하는 새로운 폭정을 일으키고 있다고 주장한다. 정치인들은 민주주의를 자기들 자신의 계획 사업들을 위한 유용한 권력 원천으로 보아, 고압적인 국가에 이른다.

Stoker, G. (2007) *Why Politics Matters: Making Democracy Work*. New York: Palgrave Macmillan. 집합적 결정들이 모든 사람에게 아주 중요하기 때문에 정치가 민주주의의 불가피한 부분이라고 지적한다. 그러나 정치는 대중이 소외되게 방치하는 '전문 직업(profession)'이—되었고 그것에 관한 매체의 보도로 냉소적이게—되었다. 더 큰 책임, 정당 지출 상한, 시민 소환 그리고 더 많은 지방주의를 요구한다.

기타 참고 문헌들

Acemoglu, D. and Robinson, J. (2006) *Economic Origins of Dictatorship and Democracy*. Cambridge University Press.

Acemoglu, D. and Robinson, J. (2012) *Why Nations Fail*. New York:

Crown Publishing Group.

Adams, J. (1814) Letter to John Taylor (XVIII). Washington, DC: National Archives (https://founders.archives.gov/documents/Adams/99-02-02-6371).

Alves, A. and Meadowcroft, J. (2014) Hayek's slippery slope, the stability of the mixed economy and the dynamics of rent seeking. *Political Studies* 62(4): 843 - 61.

Aristotle (기원전 350) *Politics*.

Attlee, C. (1957) Speech at Oxford, 14 June.

Brennan, G. and Buchanan, J. M. (1980) *The Power to Tax. Analytic Foundations of a Fiscal Constitution*. Cambridge University Press.

Burke, E. (1774) Speech to the electors of Bristol (https://www.econlib.org/book-chapters/chapter-vol-4-miscellaneous-writings-speech-to-the-electors-of-bristol/).

Burke, E. (1790) *Reflections on the Revolution in France*. London: James Dodsley.

Butler, E. (2015a) *Classical Liberalism: A Primer*. London: Institute of Economic Affairs.

Butler, E. (2015b) *Magna Carta: A Primer*. London: Adam Smith Institute.

Economist Intelligence Unit (2019) Democracy Index 2019 (http://www.eiu.com/topic/democracy-index).

Forster, E. M. (1951) *Two Cheers for Democracy*. New York: Harcourt, Brace and Company.

Fukuyama, F. (1992) *The End of History and the Last Man*. New York: Free Press.

Hayek, F. A. (1944) *The Road to Serfdom*. London: Routledge.

Hayek, F. A. (1979) *Law, Legislation and Liberty*, Volume 1. London: Routledge.

Hayek, F. A. (1988) *The Fatal Conceit: The Errors of Socialism*. London:

Routledge.

Hobbes, T. (1651) *Leviathan*. London: Andrew Crooke.

Hume, D. (1758) *Essays, Moral, Political and Literary*. Edinburgh: Alexander Kincaid.

Kennedy, A. (1999) *Frontline* interview: Justice for Sale. Public Broadcasting System.

Kibbe, M. (2014) *Don't Hurt People and Don't Take Their Stuff*. New York: Harper Collins.

Lawson, R., Murphy, R. and Powell, B. (2020) The determinants of economic freedom: a survey. *Contemporary Economic Policy* 38(4): 622–42.

Lemke, J. S. (2016) Interjurisdictional competition and the Married Women's Property Acts. *Public Choice* 166(3): 291–313.

Lincoln, A. (1863) Gettysburg Address (http://www.ourdocuments.gov/doc.php?doc=36&page=transcript).

Locke, J. (1689) Second treatise of government. In *Two Treatises of Government*. London: Awnsham Churchill.

Luxemburg, R. (1899) *Social Reform or Revolution?* (https://www.marxists.org/archive/luxemburg/1900/reform-revolution/).

Machiavelli, N. (1513) *The Prince*. Rome: Antonio Blado d'Asola.

Macpherson, C. B. (1966) *The Real World of Democracy*. Oxford: Clarendon Press.

Matsusaka, J. G. (2004) *For the Many or the Few: The Initiative, Public Policy and American Democracy*. Chicago University Press.

Mencken, H. L. (1956) *Minority Report*. Baltimore: Johns Hopkins University Press.

Mesquita, B. B. De, Smith, A., Siverson, R. M., Morrow, J. D. (2003) *The*

Logic of Political Survival. Cambridge, MA: MIT Press.

Mill, J. S. (1861) *Considerations on Representative Government*. London: Parker, Son, and Bourn.

Montesquieu, C.-L. (1748) *The Spirit of the Laws* (https://oll.libertyfund.org/title/montesquieu-complete-works-vol-1-the-spirit-of-laws).

Murphy, R. (2018) Governance and the dimensions of autocracy. *Constitutional Political Economy* 30: 131–48.

Orwell, G. (1946) Politics and the English language. *Horizon* 13(76): 252–65.

Pericles of Athens (기원전 431년경) Funeral Oration. In *The History of the Peloponnesian War*.

Popper, K. R. (1945) *The Open Society and Its Enemies*. London: Routledge.

Ridley, M. (2020) *How Innovation Works*. London: Fourth Estate.

Robespierre, M. (1794) *Report on the Principles of Public Morality*. Philadelphia: Benjamin Franklin Bache.

Schumpeter, J. (1942) *Capitalism, Socialism and Democracy*. New York: Harper & Brothers.

Tocqueville, A. de (1835) *Democracy in America*. London: Saunders and Otley.

Transparency International (2019) *Corruption Perceptions Index*. Berlin: Transparency International.

Vidal, G. (1987) *Armageddon*. London: Grafton

주요 용어들

공화국(Republic)

라틴어 *res publica*(국민의 것)에서 유래. 권력이 상속되지 않고 대중의 선거를 통해서나 선출된 대표자들과 때때로 과두제 지배자들 혹은 전제 군주의 임명을 통해서 생기는 정부 형태. 공화국들에서 권력은 보통 합의된 관습들이나 성문 헌법으로 제한된다. 국가수반은 보통 대통령이다.

과두제(Oligarchy)

그리스어 *oligos*(소수)와 *arkho*(지배)에서 유래. 가족이나 군사 혁명 정부 같은 작은 집단에 의해 통제되는 정부의 형태.

권력 분립(Separation of powers)

정부 기능들을 행정부, 입법부 그리고 사법부 같은 서로 다른 부로 분리함으로써 권력의 축적을 제한하려고 하는 체제. 흔히 입법권은 입법부의 두 다른 원(院) 혹은 의원(議院)으로 더 나누어진다.

독재자(Dictator)

라틴어 *dicto*(명령하다; dictate)에서 유래. 한 나라에 대해 절대 권력을 가진 지배자로, 전형적으로 무력으로 통제력을 얻은 지배자.

민주주의(Democracy)

그리스어 *demos*(국민)와 *kratos*(권력)에서 유래. 고대 그리스에서, 도시 국가의 자격 있는 시민들이 법률들과 정책들을 토론하고 결정하기 위해 함께 모이곤 한 정부 형태. 오늘날에는, 자격 있는 국민들이 대표자들을 뽑고 이 대표자들이 법률들과 정책들을 토론하고 결정하는 어떤 정부 형태이든 해당된다.

소환(Recall)

지방 선거인들이 보통의 선거 주기 바깥에서 자기들의 대표자들을 공직에서 쫓아낼 수 있는 절차.

입헌 정부(Constitutional government)

어떤 형태든 권력이 기본법들, 관습들 혹은 서면으로 된 ('성문화된(codified)') 헌법들로 규정되고 제한되는 정부. 그것들은 국가수반의 지위가 상속되는 입헌 군주제(constitutional monarchy), 자격 있는 국민들이 권력자들을 선택하고 책임을 지게 할 수 있는 입헌 민주주의(constitutional democracy), 그리고 권한이 집단에 의해 행사되는 입헌 과두제(constitutional oligarchy)를 포함한다.

자유 민주주의(Liberal democracy)

다수파 지배보다 개인의 권리들과 자유들을 우선하는 민주주의 형태. 자유 민주주의는 자유롭고 공정한 선거들, 권력 분립, 관용 그리고 법의 지배라는 특징을 가지고 있다.

전제 정치(Autocracy)

그리스어 *autos*(자신)와 *kratos*(권력)에서 유래. 한 사람(*autocrat*; 독재자)이 어떤 법적 혹은 선거적 억제를 받지 않고 통제를 행사하는 정부 형태.

주민 투표(Referendum)

보통 정부가 발안하는, 어떤 쟁점에 관한 전 유권자의 투표. 결과는 입법부와 행정부에 구속력이 있거나 그저 권고적일지 모른다.

투표 발안(Ballot initiative)

정책을 채택하거나, 의회에서 표결을 강제하거나, 주민 투표를 요구하도록 일단의 투표자들에 의해 발의되는 제안

헌법(Constitution)

정부가 구조화되고 운영되어야 하는 방식 그리고 관련된 사람들의 권력에 대한 한계를 규정하는 일단의 관습, 법 그리고 선례.

IEA에 관해

이 연구소는, 유한 합자, 연구 및 교육 자선 단체(No. CC 235 351)이다. 그것의 사명은 시장들이 경제 및 사회 문제들을 해결하는 데서의 역할을 분석하고 해설함으로써 자유 사회의 근본적인 제도들의 이해를 향상하는 것이다.

IEA는 자신의 사명을 다음을 통해 달성한다.

· 고품질의 출판 프로그램
· 콘퍼런스, 세미나, 강의 그리고 기타 이벤트들
· 중고등 및 대학생들에 대한 봉사 활동
· 매체 도입과 출연의 중개

1955년 고(故) 앤터니 피셔 경(Sir Antony Fisher)에 의해 설립된 IEA는 교육 자선 단체이지, 정치적 조직이 아니다. 그것은 어떤 정당이나 단체로부터도 독립되어 있고, 어떤 선거나 주민 투표에서도 혹은 어떤 다른 때에도 어떤 정당이나 후보에 대해서도 지지에 영향을 미칠 생각으로 활동들을 수행하지 않는다. 그것의 재원은 출판물의 판매, 콘퍼런스 참가비 그리고 자발적인 기부로 조달된다.

자체의 메인 시리즈의 출판물들 외에도 IEA는 또한 계간지 ≪경제 문제(Economic Affairs)≫도 출판한다.

IEA는, 자신의 업무에서, 유명한 국제적 대학 자문 위원회와 명예 연구 위원들의 저명한 패널의 도움을 받는다. 다른 학자들과 함께, 그들은 출판될 만한 IEA 출판물들을 논평하며, 그들의 논평들은 저자들에게 익명으로 전달된다. 그러므로 모든 IEA 페이퍼는 지도적인 학술 잡지들이 사용하는 것과 똑같은 엄격한 독립적 심사 과정을 밟는다.

IEA 출판물들은 중고등학교나 대학교에서 널리 수업에서 사용되고 교재로 채택된다. 그것들은 또한 전 세계에 걸쳐 팔리기도 하고 종종 번역/재간된다.

1974년 이래 IEA는 70개 이상의 국가에서 100개의 비슷한 기관의 전 세계적 네트워크를 창설하는 것을 도왔다. 그것들은 모두 독립적이지만 IEA의 사명을 공유한다.

IEA의 출판물들에서 표현된 견해들은 필자들의 견해들이지, (법인 견해를 가지지 않는) 이 연구소의 견해들이 아니며, 그 관리 이사들이나 대학 자문 위원들이나 중견 직원들의 견해들도 아니다.

연구소의 대학 자문 위원들, 명예 연구 위원들, 이사들 그리고 직원들은 다음 페이지에 열거되어 있다.

연구소는 그것의 출판 프로그램과 기타 업무를 위해 고(故) 로널드 코스(Ronald Coase) 교수의 관대한 희사(喜捨)로부터 온 재정적 지원에 감사드린다.

The Institute of Economic Affairs
2 Lord North Street, Westminster, London SW1P 3LB
Tel: 020 7799 8900
Fax: 020 7799 2137
Email: iea@iea.org.uk
Internet: iea.org.uk

옮긴이 후기

민주주의는 국민이 권력을 가지고 있는 제도라고 일컬어지지만 엄밀하게 민주주의를 설명하기란 쉽지 않다. 많은 사람은 다수가 결정하는 것을 따르는 것이 민주주의라고 생각한다. 그러나 다수결로 모든 것을 결정할 수 없는 점은 다수결로 결정했다고 소수파들의 생명을 빼앗을 수 없는 것에서 쉽게 알 수 있다. 그런데도 많은 사람은 다수파가 모든 것을 결정할 수 있는 양 생각하며, 그 과정에서 소수파의 자유들과 권리들을 빼앗는 것에 대해 별 의문을 제기하지 않는다.

독자들은 이러한 생각이 잘못임을 이 책을 읽음으로써 알 수 있다. 이 역서는 Eamonn Butler, *An Introduction to Democracy*, Institute of Economic Affairs, 2021을 번역한 것이다. 이 책에서 애덤 스미스 연구소 소장이자 몽펠르랭 소사이어티 간사인 자유주의자 에이먼 버틀러 박사는 민주주의의 역사와 함께, 민주주의가 무엇인지, 그것이 어떻게 작동하는지, 그것의 장점들과 단점들이 무엇인지, 그리고 민주주의를 어떻게 선용할 수 있는지를 명쾌하게 개설한다.

민주주의를 하는 목적은 정부더러 국민의 자유들과 권리들을 보호하게 하기 위해서다. 이런 목적에서 벗어난 민주주의는 진정한 민주주의가 아니다. 인민 민주주의처럼 민주주의라는 이름을 달고 있지만, 사실은 독재 정치를 하는 것은 진정한 민주주의가 아니다. 소위 진보적 민주주의도 개인과 소수파의 자유들과 권리들, 특히 기업의 경제적 자유들과 권리들을 침해하므로, 진정한 민주주의가 아니다. 개인의 권리들과 자유들을 보호하는 것만을 목적으로 하는 자유 민주주의가 진정한 민주주의이다.

민주주의를 과신하는 사람은 민주주의를 확대하는 것을 옹호하지만, 버틀러 박사는 참여 민주주의와 같은 민주주의 확대 노력의 문제점들을 설득력 있게 지적한다. 사람들은 민주주의를 과신하면서 민주주의를 하지 않으면 독재를 하자는 말로 오해한다. 민주주의의 반대는 독재가 아니다. 민주주의에 대한 대안, 제3의 길은 시장이다. 민주주의의 사용을 줄이자는 것은 민주주의는 개인의 자유들과 권리들을 보호하는 한정된 역할만 하고 나머지는 개인과 시장에 맡기자는 것이다.

민주주의는 합의를 쉽게 볼 수 있는 작은 집단에서는 유용하지만, 국가와 같은 큰 집단에서는 많은 문제를 일으킨다. 따라서 국가와 같은 큰 집단에서는 되도록 민주주의를 사용하지 말아야 한다. 그러나 개인의 자유들과 권리들을 보호하기 위해서는 큰 단위에서도 민주주의가 필요하다. 이런 딜레마를 해결하기 위해서는, 버틀러 박사도 주장하듯, 큰 정부 단위에서도 합의를 얻기 위한 하나의 방법으로서, 연방제, 지방 분권, 혹은 소규모 정부 단위를 사용하는 것이 바람직하다.

한 나라의 체제는 국민이 만든다. 국민이 민주주의에 대해 올바로 이해할 때 그 나라는 자유롭고, 번영한다. 그렇지 못할 때 정치적인 억압 속에서 경제적으로 어렵게 산다. 이 책은 민주주의에 대한 국민의 이해 수준을 높이기를 기대하면서 번역되었다. 민주주의를 제대로 아는 것은, 오늘날 우리가 겪고 있는, 개인과 소수파의 자유들과 권리들을 다반사로 침해하는 정부 여당에 의한 다수의 횡포, 더 나아가서는 이익 집단들에 의한 소수의 횡포를 억제하는 데 도움이 될 것이다.

마지막으로, 이 책의 번역 출판과 관련하여, 변함없이 흔쾌히 번역 출판권을 주신 영국의 경제문제연구소(Institute of Economic Affairs)와 동 연구소의 학술 및 연구 이사 사이예드 카말(Syed Kamall) 교수 그리고 계약 실무를 처리해 주신 EPICENTER 이사 애덤 바사(Adam Bartha)에게 감사드린다.

2021년 9월 30일 역자 씀

옮긴이에 관해

황수연은 진주고등학교와 서울대학교 경영학과를 졸업하고 서울대학교 행정대학원에서 행정학 석사와 박사 학위를 받았다. 경성대학교 행정학과 교수를 정년퇴직하였으며, 한국하이에크소사이어티 회장을 역임하였다. 한국개발연구원(KDI) 연구원 그리고 경성대학교 재직 중 애리조나 대학교 경제학과(1991년[풀브라이트 교환학자], 1997년), 조지 메이슨 대학교 공공선택 연구 센터(2004년), 그리고 플로리다 주립대학교 경제학과 및 스타브로스 센터(2013년)에서 교환 교수로 연구하였다. 공공선택론, 오스트리아학파 경제학, 시장 경제, 그리고 자유주의 분야의 책을 다수 번역하였고, 미제스 연구소의 미제스 와이어를 번역하는 일에도 동참하고 있다. 역서들에는 에이먼 버틀러가 쓴 ≪공공선택론 입문≫, ≪루트비히 폰 미제스 입문≫, ≪오스트리아학파 경제학 입문≫, ≪자유 사회의 기초≫, ≪고전적 자유주의 입문≫, ≪축약된 국부론≫, ≪애덤 스미스 입문≫, ≪아인 랜드 개론≫, ≪자본주의 개론≫, ≪학파: 101인의 위대한 자유주의 사상가≫, ≪기업가 정신 개론≫, 그리고 버틀러가 한 장(章)을 쓴 ≪초보자를 위한 자유의 길잡이≫가 포함되어 있다.

옮긴이 **황수연**이 낸 역서(공역 포함)

≪득표동기론: 공공선택론 입문≫ (고든 털럭)
≪현대 정치 경제론≫ (브루노 S. 프라이)
≪국민 합의의 분석: 입헌 민주주의의 논리적 근거≫ (제임스 M. 뷰캐넌과 고든 털럭)
≪동물 사회의 경제학≫ (고든 털럭)
≪새 연방제론: 지방자치의 공공선택론≫ (고든 털럭)
≪게임 이론: 개념과 응용≫ (프랭크 저게리)
≪사적 욕망과 공공 수단: 바람직한 정부 범위에 관한 경제학적 분석≫ (고든 털럭)
≪지대 추구≫ (고든 털럭)
≪합리적 투표자에 대한 미신: 민주주의가 나쁜 정책을 채택하는 이유≫ (브라이언 캐플런)
≪공공재, 재분배 그리고 지대 추구≫ (고든 털럭)

≪득표 동기론 II: 공공 선택론의 이해≫ (고든 털럭)
≪자유주의로의 초대≫ (데이비드 보어즈)
≪관료제≫ (루트비히 폰 미제스)
≪전제 정치≫ (고든 털럭)
≪간결한 경제학 길잡이≫ (짐 콕스)
≪복지, 정의 그리고 자유≫(스콧 고든)
≪도시 정부의 이해: 대도시 개혁의 재고≫ (로버트 L. 비시와 빈센트 오스트롬)
≪경제 모형과 방법론≫ (랜들 G.홀콤)
≪공공선택론 입문≫ (에이먼 버틀러)
≪대중을 위한 경제학: 오스트리아학파 입문≫ (진 캘러헌)

≪미국의 외교 문제: 간결한 역사≫ (고든 털럭)
≪루트비히 폰 미제스 입문≫ (에이먼 버틀러)
≪시장은 어떻게 작동하는가: 불균형, 기업가 정신 그리고 발견≫ (이즈리얼 M. 커즈너)
≪자유주의와 연고주의: 대항하는 두 정치 경제 체제≫ (랜들 G. 홀콤)
≪오스트리아학파 경제학 입문≫ (에이먼 버틀러)
≪대도시 지역의 공공경제: 공공선택 접근법≫ (로버트 L. 비시)

≪자유 사회의 기초≫ (에이먼 버틀러)
≪초보자를 위한 자유의 길잡이≫ (리처드 웰링스 편)
≪기업가 정신과 경제적 진보≫ (랜들 G. 홀콤)
≪고전적 자유주의 입문≫ (에이먼 버틀러)

≪축약된 국부론≫ (에이먼 버틀러)
≪자유 101≫ (매드센 피리)
≪공공 정책과 삶의 질: 시장 유인 대 정부 계획≫ (랜들 G. 홀콤)
≪번영의 생산: 시장 과정의 작동의 탐구≫ (랜들 G. 홀콤)
≪상식의 경제학: 모든 사람이 부와 번영에 관해 알아야 하는 것≫ (제임스 고트니, 리처드 스트룹, 드와이트 리, 토니 페라리니, 및 조지프 캘훈)
≪애덤 스미스 입문≫ (에이먼 버틀러)
≪공공선택론 고급 개론≫ (랜들 G. 홀콤)
≪아인 랜드 개론≫ (에이먼 버틀러)
≪시장의 재도입: 시장 자유주의의 정치적 부활≫ (존 L. 켈리)
≪자본주의 개론≫ (에이먼 버틀러)

≪정치적 자본주의: 경제 및 정치 권력이 어떻게 형성되고 유지되는가≫ (랜들 G. 홀콤)
≪학파: 101인의 위대한 자유주의 사상가≫ (에이먼 버틀러)
≪본질적인 오스트리아학파 경제학≫ (크리스토퍼 J. 코인과 피터 J. 뵛키)
≪기업가 정신 개론≫ (에이먼 버틀러)
≪본질적인 애덤 스미스≫ (제임스 오티슨)